KB102692

한정승인과 상속포기의 정석

이 재 우 저

 법률출판사

머리말

저자가 상속을 전문으로 하는 법률사무소에서 14년 간 한정승인이나 상속포기 사건을 경험하면서 많은 상속자들이 올바른 정보와 조언을 받는 데 많은 어려움이 있다는 사실을 알게 되었습니다. 물론 인터넷이나 일반 매체를 통해 정보를 얻기도 하지만 때로는 부족하기도 하고 심지어 정보를 잘못 이해하기도 합니다. 그러다보니 막상 상속포기나 한정승인을 하려고 해도 시행착오를 겪거나 목록이 부실하게 작성되고 청산과정을 이행하지 않기도 합니다.

이 책은 이러한 상속인들이 시행착오 없이 상속포기나 한정승인을 무난하게 마무리할 수 있도록 도움을 줄 목적으로 시작되었습니다. 이 책은 독자들이 법률적 지식이 전혀 없다는 사실을 전제로 쉽게 이해하고 실무에 적용할 할 수 있도록 상속포기와 (특별)한정승인을 신청할 당사자, 상속포기와 한정승인의 구분 및 효과, 상속재산과 고유재산의 구분, 신청방법과 절차, 주의할 점 등을 체계적으로 안내하고 각 단계별로 필요한 서식을 제공하고 있습니다.

또한 이외에도 실제 상속포기와 한정승인 신청에서 작성되었던 각종 신청서와 상속재산의 목록, 청산을 위한 내용증명 등의 실무서식을 기재하고, 각 쟁점별 대법원 판례를 기재하여 독자들이 쉽게 이해할 수 있도록 했습니다.

그리고 피상속인의 채무가 많아서 발생하는 문제만이 아니라 상속인이 채무가 있는 경우, 상속인이 상속재산분할협의를 함으로써 채권자가 사해행위취소소송을 제기한 경우의 대응방법, 상속포기나 한정승인과 유류분반환청구소송의 관계 등 한정승인이나 상속포기 등으로부터 발생할 수 있는 문제를 짚어 보았습니다.

이 책이 법률전문가가 아닌 일반 상속인들에게 충실한 도움이 되어 피상속인의 채무 또는 상속인의 채무로 인한 어려움이 해결되고 시행착오를 줄일 수 있는 최적의 해결책이 될 수 있다면 저자로서는 이 책을 통해서 이루고자 하는 소기의 목적을 달성했다고 할 수 있습니다.

2024. 3.
저자

1. 단순승인과 한정승인 및 상속포기의 개념과 비교

2. 상속순위

3. 상속포기, 한정승인의 선택

4. 상속포기의 신청

5. 한정승인의 신청

6. 특별한정승인

7. 한정승인자와 특별한정승인자의 청산

8. 상속포기와 한정승인의 심판 수리의 효력

9. 피상속인이 외국인 경우의 한정승인과 상속포기

10. 채권자와의 관계

11. 상속재산파산제도

12. 상속포기와 한정승인과 다른 법률행위의 관계

■ 관련법률

■ 서식차례 _ 가나다순

1. 단순승인과 한정승인 및 상속포기의
개념과 비교

가. 상속의 개념 정리

우리 민법은 제1005조에서 「상속인은 상속개시된 때로부터 피상속인의 재산에 관한 포괄적 권리의무를 승계한다. 그러나 피상속인의 일신에 전속한 것은 그러하지 아니하다.」라고 규정하고 있습니다. 따라서 피상속인이 사망하게 되면 피상속인에게 일신전속되는 권리를 제외한 채무와 재산이 모두 상속인에게 승계됩니다.

이때 피상속인의 채무가 있다면 법정상속지분을 기준으로 상속인에게 승계되는데, 이때 승계는 등기 또는 별도의 절차를 필요로 하지 않습니다. 이를 '당연히'라고 정의할 수 있는데, '당연히'라고 함은 등기나 소송 등의 별도의 절차를 필요로 하지 않는다는 것을 의미합니다. 즉 피상속인이 사망하게 되면 일단 특별한 사정이 없는 한 피상속인의 재산과 채무는 피상속인의 사망과 동시에 상속인에게 분할됩니다.

그런데 상속되는 재산 중 채무가 있는 경우 상속인이 채무를 상속받게 되면 당연히 그 채무를 변제할 책임이 있는 것으로 알고 있으나, 채무와 책임은 구분됩니다.

채무는 채무자가 채권자에 대하여 변제하거나 이행할 의무를 의미하나, 책임은 강제집행을 받을 책임이 있는 채무(이하 아래에서 채무라고 하면 책임 있는 채무를 의미합니다)를 의미합니다. 그리고 책임재산은 이와 같은 책임의 재산이 되는 재산을 의미하게 됩니다.

따라서 채무가 있다고 하더라도 책임재산이 없다면, 채권자는 채무자에 대해서 강제집행을 할 수 없게 되는데, 단순승인과 한정승인은 책임재산의 범위를 달리하고 있는 것이 가장 큰 차이라고 할 것입니다.

나. 상속포기

단순승인과 한정승인이 상속인의 지위를 유지하는 반면에 상속포기에 관하여 민법 제1042조(포기의 소급효)에서는 「상속의 포기는 상속개시된 때에 소급하여 그 효력이 있다.」라고 규정하고 있습니다. 그리고 대법원 2011. 6. 9. 선고 2011다29307 판결에서는 「상속의 포기는 상속이 개시된 때에 소급하여 그 효력이 있고(민법 제1042조), 포기자는 처음부터 상속인이 아니었던 것이 된다.」라고 함으로써, 상속을 포기한 상속인은 상속개시 당시로 소급해서 처음부터 상속인이 아닌 것으로 된다는 점을 명확하게 하고 있습니다. 따라서 상속을 포기한 상속인은 처음부터 상속인이 아닌 자가 되므로 상속에서 완전히 배제되므로, 상속재산을 승계할 수 없고 마찬가지로 상속채무도 승계하지 않으므로 상속채권자에 대해서 어떠한 채무나 의무도 부담하지 않게 됩니다.

(사례)

아래는 상속개시 당시에 배우자와 아들과 딸을 둔 피상속인이 사망한 후 상속인인 딸이
상속을 포기한 사례입니다. 이 경우 딸은 상속포기를 통하여 상속인으로부터 배제되므
로 상속인은 배우자와 아들이 됩니다.

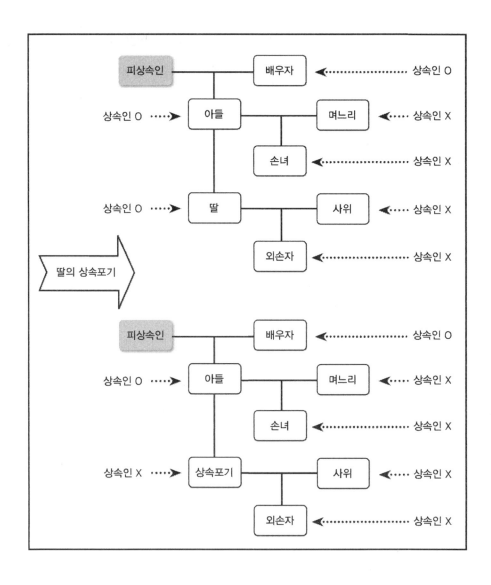

> 민법 제1042조(포기의 소급효)
> 상속의 포기는 상속개시된 때에 소급하여 그 효력이 있다.
>
> 대법원 2011. 6. 9. 선고 2011다29307 판결
> 상속의 포기는 상속이 개시된 때에 소급하여 그 효력이 있고(민법 제1042조), 포기
> 자는 처음부터 상속인이 아니었던 것이 된다.

다. 한정승인 (특별한정승인 포함)

원칙적으로 한정승인은 상속인의 지위를 취득하고 상속재산과 상속채무를 포괄적으로
상속받는다는 점에서는 단순승인과 차이가 없습니다.

다만 채무가 있는 경우에는 그 채무를 이행할 책임재산이 있게 되는데, 상속인의 모든
재산으로 상속채무를 변제해야 하는 단순승인과 달리 한정승인을 받은 상속인은 채무
의 담보가 되는 책임재산이 상속받은 재산의 범위로 한정이 됩니다[1]. 따라서 피상속인
의 채권자는 한정승인을 받은 상속인이 원래부터 소유하던 고유재산에 대한 강제집행
을 할 수 없습니다.

다만 한정승인자는 피상속인의 채무를 상속받은 재산만큼만 상속받는 것이 아니라 채
무는 전부를 상속받되 책임은 상속받은 재산을 한도로 부담하는 것이기 때문에 원칙적
으로 채무는 전부를 상속받게 됩니다.

따라서 이러한 이유로 한정승인을 받은 상속인이 자신의 고유재산으로 피상속인의 채

---

[1] 대법원 2003. 11. 14. 선고 2003다30968 판결
상속의 한정승인은 채무의 존재를 한정하는 것이 아니라 단순히 그 책임의 범위를 한정하는
것이다.

권자에게 채무를 변제한 경우에는 이미 변제한 금액의 반환을 요구할 수 없습니다[2].

> 민법 제1019조(승인, 포기의 기간)
> ① 상속인은 상속개시있음을 안 날로부터 3월내에 단순승인이나 한정승인 또는 포기를 할 수 있다. 그러나 그 기간은 이해관계인 또는 검사의 청구에 의하여 가정법원이 이를 연장할 수 있다.
> ② 상속인은 제1항의 승인 또는 포기를 하기 전에 상속재산을 조사할 수 있다.
> ③ 제1항의 규정에 불구하고 상속인은 상속채무가 상속재산을 초과하는 사실을 중대한 과실없이 제1항의 기간내에 알지 못하고 단순승인(제1026조제1호 및 제2호의 규정에 의하여 단순승인한 것으로 보는 경우를 포함한다)을 한 경우에는 그 사실을 안 날부터 3월내에 한정승인을 할 수 있다.
>
> 대법원 2010. 3. 18. 선고 2007다77781 전원합의체 판결
> 법원이 한정승인신고를 수리하게 되면 피상속인의 채무에 대한 상속인의 책임은 상속재산으로 한정되고, 그 결과 상속채권자는 특별한 사정이 없는 한 상속인의 고유재산에 대하여 강제집행을 할 수 없다.
>
> 대법원 2016. 5. 24. 선고 2015다250574 판결
> 민법 제1028조는 "상속인은 상속으로 인하여 취득할 재산의 한도에서 피상속인의 채무와 유증을 변제할 것을 조건으로 상속을 승인할 수 있다."라고 규정하고 있다. 상속인이 위 규정에 따라 한정승인의 신고를 하게 되면 피상속인의 채무에 대한 한정승인자의 책임은 상속재산으로 한정되고, 그 결과 상속채권자는 특별한 사정이 없는 한 상속인의 고유재산에 대하여 강제집행을 할 수 없으며 상속재산으로부터만 채권의 만족을 받을 수 있다.

---

2) 같은 견해로 "상속재산을 초과하는 상속채무 등을 상속인이 그 고유재산으로 임의로 변제하여도 비채변제(민법 제742조)가 되지 아니하고 유효하므로 부당이득반환청구권도 성립하지 않는다."는 견해가 있다(김민중, "상속의 한정승인", 413 호(JURIST p l us 5)로스쿨 가족법(2007년), 422).

라. 단순승인

피상속인이 사망하게 되면 상속인인 배우자와 자녀는 서로 협의하여 피상속인의 재산을 분배하고 채무는 변제를 하거나 상속인 중 누군가가 승계를 하게 됩니다. 그리고 우리 민법은 제1005조에서 '상속인은 상속개시된 때로부터 피상속인의 재산에 관한 포괄적 권리의무를 승계한다. 그러나 피상속인의 일신에 전속한 것은 그러하지 아니하다.'라고 규정함으로써 포괄승계주의를 취하고 있습니다.

그리고 이러한 포괄승계주의로 인하여 피상속인의 사망을 원인으로 상속인의 지위를 취득한 최우선순위의 상속인들은 상속인의 지위에서 피상속인의 상속재산과 상속채무를 포괄적으로 승계하게 되는데 이러한 상속을 단순승인이라고 합니다.

따라서 단순승인을 한 상속인은 상속인의 지위에서 피상속인의 재산과 채무를 상속받는 대신에 피상속인의 채권자가 상속인에 대해서 상속채무의 변제를 요구할 경우에 해당 상속인은 상속재산은 물론 상속과 무관하게 자신이 소유하던 재산으로도 변제할 책임이 있습니다.

이때 만일 상속인이 상속채무를 변제하지 않으면 피상속인의 채권자는 상속인이 상속받은 재산은 물론 원래부터 상속인이 소유하던 재산에 대해서도 강제집행을 할 수 있습니다.

즉, 단순승인의 책임재산은 피상속인으로부터 상속받은 재산과 상속인의 고유재산을 가리지 않습니다.

따라서 이때 단순승인을 한 상속인이 피상속인의 채무를 변제하지 않게 되면 상속채권자는 해당 상속인이 피상속인으로부터 상속받은 재산은 물론 상속과 무관하게 해당 상속인이 원래부터 소유하고 있던 재산에 대해서도 강제집행을 할 수 있습니다.

※ 민법 제187조(등기를 요하지 아니하는 부동산물권취득)
상속, 공용징수, 판결, 경매 기타 법률의 규정에 의한 부동산에 관한 물권의 취득은 등기를 요하지 아니한다. 그러나 등기를 하지 아니하면 이를 처분하지 못한다.

따라서 상속인들이 피상속인의 재산에 대해서 상속등기를 하지 않아도 피상속인의 사망으로 인하여 상속은 당연히 개시되고, 아래에서 설명하는 한정승인 또는 상속포기의 심판문 수령 전에는 단순승인으로 의제됩니다.

마. 비교표

위와 같은 단순승인, 한정승인, 상속포기의 차이를 비교하면 아래와 같습니다.

	상속인	상속채무	책임재산
단순승인	○	○	상속재산 + 고유재산
한정승인	○	○	상속재산
상속포기	×	×	×

따라서 한정승인은 단순승인과 피상속인의 상속채무를 변제할 재산에서 상속인의 재산이 배제된다는 점에서, 상속포기는 상속인의 자격 자체를 부인한다는 점에서 단순승인과 구분된다고 할 것입니다.

2. 상속순위

가. 민법 규정

민법 제1000조에서는 상속순위에 관해서 1순위를 직계비속, 2순위를 직계존속, 3순위를 형제자매, 4순위를 4촌 이내의 방계혈족이라고 규정하고 있습니다.

여기서 직계비속이란 피상속인을 기준으로 수직으로 내려가는 자녀, 손자, 증손자 등을 의미하며, 직계존속이란 피상속인을 기준으로 수직으로 올라가는 부모, 조부모, 증조부모를 의미합니다.

그리고 형제자매는 아버지는 같지만 어머니가 다른 이복형제(異腹兄弟)는 물론 어머니는 같지만 아버지가 다른 이부형제(異父兄弟)도 모두 포함합니다.

그리고 방계혈족은 수직의 관계인 직계존·비속이 아니라 수평관계인 형제자매와 형제자매의 직계비속(예: 이복형제의 생모 등), 직계존속의 형제자매(예: 고모, 외삼촌 등) 및 그 형제자매의 직계비속(예: 조카 등)을 의미합니다.

또한 민법 제1003조 1.항에서는 '1순위와 2순위 상속인이 있는 경우에는 그 상속인과 동순위로 공동상속인이 되고 그 상속인이 없는 때에는 단독상속인이 된다.'라고 규정하고 있습니다.

따라서 배우자[3]는 1순위 상속인(예: 자녀, 손자 등)이 있으면 1순위 상속인과 함께 상속인이 되고, 1순위 상속인이 없이 2순위 상속인(예: 부모, 조부모 등)이 있으면 2순위와 함께 상속인이 됩니다. 그리고 1순위와 2순위 상속인이 없으면 그때 비로소 단독상속인이 됩니다.

---

3) 민법 제1000조 등에서 정하고 있는 상속에 관한 배우자는 법률상 배우자만을 의미하므로, 사실혼 배우자는 상속인에 해당하지 않습니다.

그러므로 이러한 민법 규정을 쉽게 풀이하면 상속순위는 「배우자와 자녀(또는 손자) ⇒ 배우자와 부모 ⇒ 배우자 ⇒ 형제자매 ⇒ 4촌 이내의 방계혈족」입니다.

민법 제1000조(상속의 순위)
① 상속에 있어서는 다음 순위로 상속인이 된다.
1. 피상속인의 직계비속
2. 피상속인의 직계존속
3. 피상속인의 형제자매
4. 피상속인의 4촌 이내의 방계혈족
② 전항의 경우에 동순위의 상속인이 수인인 때에는 최근친을 선순위로 하고 동친 등의 상속인이 수인인 때에는 공동상속인이 된다.
③ 태아는 상속순위에 관하여는 이미 출생한 것으로 본다.

민법 제1003조(배우자의 상속순위)
① 피상속인의 배우자는 제1000조제1항제1호와 제2호의 규정에 의한 상속인이 있는 경우에는 그 상속인과 동순위로 공동상속인이 되고 그 상속인이 없는 때에는 단독상속인이 된다.
② 제1001조의 경우에 상속개시전에 사망 또는 결격된 자의 배우자는 동조의 규정에 의한 상속인과 동순위로 공동상속인이 되고 그 상속인이 없는 때에는 단독 상속인이 된다.

나. 각 사례별 상속인의 결정

상속포기든 한정승인이든 가장 중요한 것은 누가 상속인이 되느냐의 문제입니다. 따라서 사례별로 상속인을 알아보도록 하겠습니다.

(1) 1순위 상속인
(가) 배우자와 자녀가 있는 경우 : 배우자, 자녀

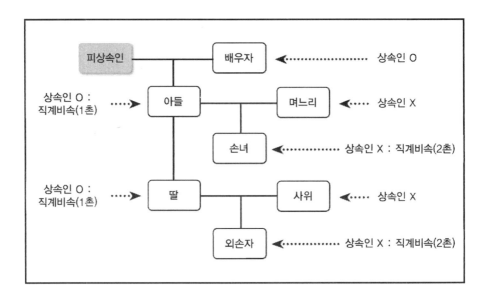

민법은 1순위 상속인으로 직계비속을 규정하고 있으며, 배우자는 직계비속과 함께 상속을 받는다고 규정하고 있습니다. 따라서 위의 경우에 상속인은 배우자와 직계비속이 되는데 직계비속은 자녀와 손자 등을 포함하므로 손자도 1순위 상속인에 포함되나 또한 동순위의 상속인이 여러 명인 경우에는 최근친을 선순위 상속인으로 한다고 규정하고 있으므로 피상속인과 2촌인 손자와 외손자보다 1촌인 아들과 딸이 선순위 상속인이 되어, 상속인은 배우자와 직계비속 중 1촌인 아들과 딸이 상속인이 됩니다.

또한 어떤 분들은 며느리와 사위가 상속인이 되는지를 묻고는 하는데, 우리 민법은 상속에 관해서는 철저히 혈족(즉 핏줄)을 기준으로 순위를 정리하고 있으므로 피가 섞이지 않고 자신의 배우자와 이혼을 하면 남이 되는 며느리나 사위는 상속인으로부터 배제됩니다.

(나) 미혼의 자녀가 피상속인보다 먼저 사망한 경우⇒ 사망한 자녀는 상속인으로 부터 배제

미혼인 자녀가 피상속인보다 먼저 사망하게 되면 사망한 자녀를 처음부터 상속인에게 배제합니다. 즉 처음부터 없었던 것으로 보고 나머지 상속인들만이 상속인이 됩니다. 따라서 아래와 같이 피상속인의 1남 1녀 중 1남이 미혼의 상태로 피상속인보다 먼저 사망하고 그 후에 피상속인이 사망하게 되면 상속인은 배우자와 생존 중인 딸이 됩니다.

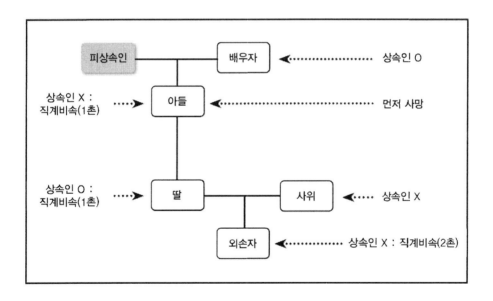

(다) 대습상속

민법 제1001조는 「상속인이 될 피상속인의 직계비속 또는 형제자매가 상속개시 전에

사망하거나 결격자가 된 경우에 그 직계비속이 있는 때에는 그 직계비속이 사망하거나 결격된 자의 순위에 갈음하여 상속인이 된다.」고 규정하고 있습니다.

따라서 만일 피상속인의 자녀 중 일부가 피상속인보다 먼저 사망한 경우에는 사망한 자녀의 배우자(며느리, 사위)와 자녀(손자, 손녀)가 사망한 자녀를 대신해서 상속을 받게 됩니다. 이것을 대습상속이라고 합니다.

민법
제1000조(상속의 순위)
① 상속에 있어서는 다음 순위로 상속인이 된다.
1. 피상속인의 직계비속
2. 피상속인의 직계존속
3. 피상속인의 형제자매
4. 피상속인의 4촌 이내의 방계혈족
② 전항의 경우에 동순위의 상속인이 수인인 때에는 최근친을 선순위로 하고 동친등의 상속인이 수인인 때에는 공동상속인이 된다.
③ 태아는 상속순위에 관하여는 이미 출생한 것으로 본다.

제1001조(대습상속)
전조 제1항제1호와 제3호의 규정에 의하여 상속인이 될 직계비속 또는 형제자매가 상속개시전에 사망하거나 결격자가 된 경우에 그 직계비속이 있는 때에는 그 직계비속이 사망하거나 결격된 자의 순위에 갈음하여 상속인이 된다.

예) 피상속인이 배우자 A와 아들 甲을 두었는데, 아들 甲이 결혼해서 며느리 B와 손자 C를 둔 상태에서 아들 甲이 사망하고 그 후에 피상속인이 사망했다면, 상속인은 배우자 A, 며느리 B, 손자 C입니다.

ⅰ) 사망한 자녀의 배우자(며느리, 사위)가 피상속인의 사망 당시까지 재혼하지 않은 경우

⇒ 배우자, 생존 중인 자녀, 사망한 자녀의 배우자(며느리, 사위)

추정상속인(피상속인이 사망하게 되면 상속인의 지위를 취득할 자)의 지위에 있던 자녀가 배우자와 혼인신고를 마친 후 자녀가 없는 상태에서 사망하게 했는데 이후 추정상속인의 배우자가 피상속인의 사망 당시까지 재혼을 하지 않게 되면 사망한 추정상속인의 대습인이 되어 추정상속인의 상속분을 대습하게 됩니다.

따라서 아래의 경우와 같이 며느리가 남편(추정상속인)이 사망한 후 시아버지(피상속인)이 사망할 당시까지 재혼하지 않으면, 시아버지의 상속재산에 대한 권리가 있습니다.

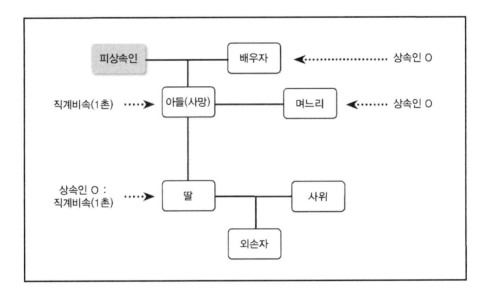

또한 사망한 추정상속인의 배우자에 대한 대습의 여부는 피상속인의 사망으로 인한 상속개시 당시를 기준으로 하므로, 피상속인이 사망한 후 재혼한 경우에도 대습인의 지위는 유지됩니다.

ii) 사망한 자녀가 혼인 후 자녀 없이 사망했으나 사망한 자녀의 배우자(며느리, 사위)가 피상속인의 사망 전에 재혼한 경우

⇒ 배우자, 생존 중인 자녀

추정상속인이 자녀 없이 배우자만 남기고 사망했는데 그 배우자가 피상속인의 사망 전에 재혼한 경우에는 재혼한 추정상속인의 배우자는 대습인의 지위를 상실하게 됩니다. 따라서 이 경우에는 추정상속인이 미혼의 상태로 사망한 것과 같이 취득하면 됩니다.

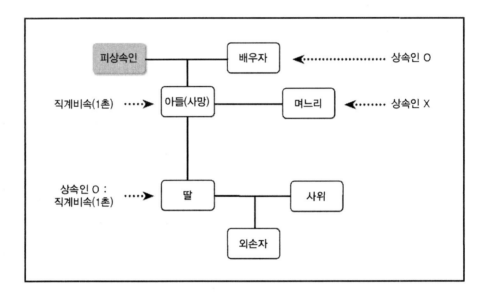

iii) 자녀가 혼인해서 자녀(손자, 손녀)를 두고 사망한 후 사망한 자녀의 배우자(며느리, 사위)가 피상속인 사망 당시까지 재혼하지 않은 경우

⇒ 배우자, 생존 중인 자녀, 사망한 자녀의 배우자(며느리, 사위)와 사망한 자녀의 자녀(손자, 손녀)

추정상속인이 피상속인보다 먼저 사망하게 되면 추정상속인의 배우자와 자녀들이 추정상속인의 상속분을 대습하는 대습인의 지위를 취득하게 됩니다.

따라서 이때 아래와 같이 상속인들은 피상속인의 배우자, 피상속인의 생존 중인 자녀, 추정상속인의 배우자(며느리, 사위), 사망한 자녀의 자녀(손자, 손녀)가 상속인이 됩니다.

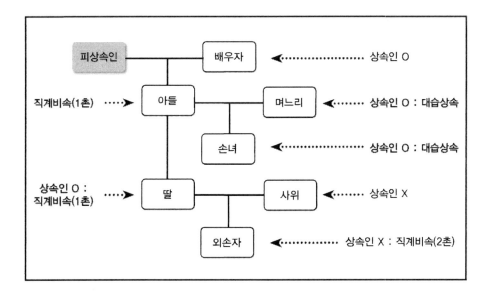

iv) 자녀가 혼인해서 자녀(손자, 손녀)를 두고 사망한 후 사망한 자녀의 배우자
(며느리, 사위)가 피상속인 사망 전에 재혼한 경우

　⇒ 배우자, 생존 중인 자녀, 사망한 자녀의 자녀(손자, 손녀)

피상속인이 사망하게 되면 배우자와 자녀가 상속인이 되나 자녀 중 일부가 먼저 사망하
게 되면 사망한 자녀의 배우자와 자녀가 사망한 자녀의 상속인 지위를 승계받아 피상속
인이 대한 상속인이 되나, 사망한 자녀의 배우자가 피상속인의 사망 전에 재혼을 하게
된 경우에는 대습인의 지위를 잃게 됩니다.

따라서 이 경우 상속인은 피상속인의 배우자, 피상속인의 생존 중인 자녀, 사망한 자녀
의 자녀(손자, 손녀)가 상속인이 됩니다.

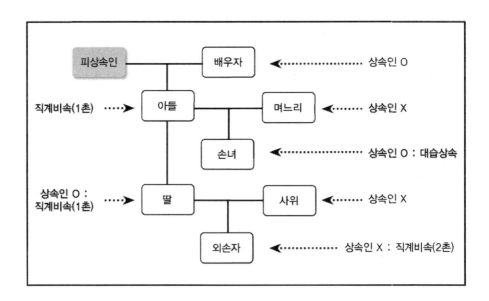

(2) 2순위 상속인

피상속인이 자녀가 없이 사망하거나 배우자와 자녀들이 모두 상속을 포기하게 되면, 피상속인의 부모가 상속인이 됩니다.

이때 부모와 배우자가 모두 생존하고 있다면 배우자와 부모가 상속인이 됩니다. 만일 배우자가 없거나 상속포기를 하게 되면 부모가 공동으로 상속인이 됩니다. 그리고 배우자가 없이 부모 중 일방이 사망하고 한 명의 부모만이 생존하고 있다면 해당 부모가 상속인이 됩니다.

즉, 피상속인이 자녀 없이 사망하면 배우자와 남은 부모 중 생존 중인 사람이 상속인이 됩니다.

(3) 3순위 상속인

피상속인의 배우자와 자녀 또는 부모가 모두 상속을 포기하거나 사망했다면 형제들이 상속인이 됩니다. 이때 형제는 아버지와 어머니가 모두 동일한 상속인만이 아니라 어머니 또는 아버지가 같은 형제를 모두 포함합니다.

또한 피상속인보다 먼저 사망한 형제가 있다면 사망한 형제의 배우자와 자녀들이 대습상속인이 되어 상속인이 됩니다.

(4) 4순위 상속인
(가) 4촌 이내의 혈족 중 가장 가까운 혈족

형제들이 모두 상속을 포기하거나 부모가 모두 사망하고 형제들이 없는 경우에는 4촌 이내의 혈족이 상속인이 되는데, 이때에는 외가와 친가를 가리지 않고 3촌과 4촌 순서대로 상속인이 됩니다.

(나) 피상속인보다 먼저 사망한 4촌 이내의 혈족이 있는 경우

사망한 3촌과 4촌 혈족의 배우자와 자녀들은 상속인에서 배제됩니다. 다만 3촌 되는 상속인이 사망한 경우 그의 자녀들은 3촌인 사람을 대습하여 3촌의 상속인이 되지는 않지만 4촌의 자격으로 상속인이 됩니다.

3. 상속포기, 한정승인의 선택

가. 배우자가 한정승인을 하고 자녀들이 모두 상속포기

민법 제1000조 1.항에서는 1순위 상속인을 피상속인의 직계비속이라고 규정하고 있습니다. 그리고 여기서 직계비속은 피상속인을 기준으로 수직으로 내려가게 되는 자녀, 손자녀, 증손자녀 등을 모두 포함하게 됩니다.

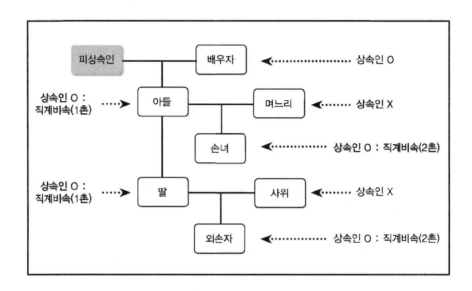

그러나 민법 제1000조 2.항에서 '동순위의 상속인이 수인인 때에는 최근친을 선순위로 하고 동친 등의 상속인이 수인인 때에는 공동상속인이 된다.'라는 규정하고 있습니다. 따라서 자녀와 손자가 모두 1순위 상속인인 직계비속이지만 자녀가 최근친에 해당하므로 이 경우 상속인은 자녀가 됩니다.

그러다보니 자녀들이 모두 상속을 포기하게 되면 배우자와 손자 및 손녀들이 상속인이 되므로, 배우자가 한정승인을 원할 때에는 자녀들은 물론 손자와 손녀들까지 모두 상속을 포기했어야 했습니다. 그리고 이후에도 1순위인 직계비속이 없다면 2순위 상속인으로서 피상속인이 배우자와 함께 상속인이 되는 직계존속(즉 부모)도 상속을 포기해야 했습니다.

그런데 대법원 2023. 3. 23. 선고 2020그42 전원합의체에서 「자녀들이 모두 상속을 포기하게 되면 배우자가 단독상속인이 된다」라고 판결하였습니다. 따라서 203. 3. 23. 판결에 따라 피상속인의 배우자가 있는 경우에는 자녀들이 모두 상속을 포기하더라도 손자와 손녀 및 부모는 상속인이 될 수 없으므로 상속포기를 신청할 필요가 없게 되었습니다.

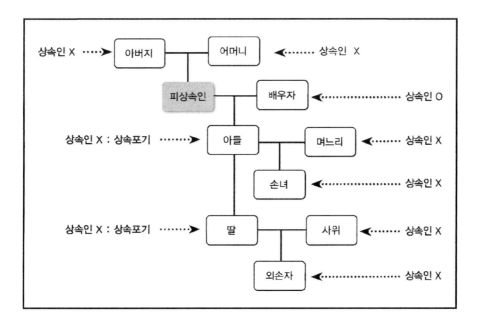

(사례)

피상속인이 배우자 A와 아들 B(직계비속 1촌), 딸 C(직계비속 1촌)를 두었는데, 아들 B가 결혼해서 며느리 D와 손자 E(직계비속 2촌)를 둔 상태에서 피상속인이 사망하고 아들 B와 딸 C가 상속포기를 하면 상속인은 배우자 A가 됩니다.

기존 판례

대법원 2015. 5. 14. 선고 2013다48852 판결

상속을 포기한 자는 상속개시된 때부터 상속인이 아니었던 것과 같은 지위에 놓이게 되므로, 피상속인의 배우자와 자녀 중 자녀 전부가 상속을 포기한 경우에는 배우자와 피상속인의 손자녀 또는 직계존속이 공동으로 상속인이 되고, 피상속인의 손자녀와 직계존속이 존재하지 아니하면 배우자가 단독으로 상속인이 된다.

판례 변경

대법원 2023. 3. 23. 선고 2020그42 전원합의체 판결

피상속인의 배우자와 자녀 중 자녀 전부가 상속을 포기한 경우에는 배우자가 단독상속인이 된다고 봄이 타당하다.

나. 자녀 중 1명 이상이 한정승인하고 나머지 자녀들과 배우자가 상속포기

직계비속 중 1촌인 자녀 중 일부가 한정승인을 통하여 상속인의 지위를 유지하므로, 나머지 자녀들과 배우자가 모두 상속을 포기하게 되면, 1순위 상속인 중 1촌인 상속인이 상속인의 지위를 유지하므로 해당 상속인이 단독상속인이 되고 직계비속 중 2촌에 해당하는 손자와 손녀들은 상속을 포기할 필요가 없습니다.

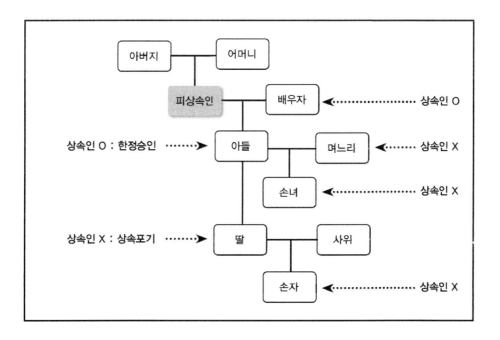

다. 피상속인의 배우자, 자녀들, 손자들의 상속포기로 부모가 상속인이 되는 사례

피상속인의 배우자와 1순위 상속인인 직계비속인 자녀들과 손자녀들이 모두 상속을 포기하게 되면 상속인은 피상속인의 부모가 됩니다.

이때 부모 중 1명이 한정승인을 하고 나머지 부모가 상속포기를 하게 되면, 한정승인을 한 부모가 상속인의 지위를 유지하게 되므로 그다음 순위인 피상속인의 형제들은 상속포기 또는 한정승인을 할 필요가 없습니다.

만일 부모 중 아버지가 피상속인보다 먼저 사망해서 어머니만이 남아 있다면, 어머니가 한정승인을 하는 것으로 피상속인의 채무가 그다음 순위인 피상속인의 자녀들에게 상속되는 것을 차단할 수 있습니다. 이것은 어머니가 먼저 사망하고 아버지가 생존 중일 때에도 마찬가지입니다.

이때에는 한정승인의 신청서에 피상속인의 기본증명서, 가족관계증명서, 주민등록초본 외에도 손자들이 있는 자녀들의 가족관계증명서 및 피상속인의 배우자, 자녀들, 손자녀들의 상속포기심판문을 첨부하여 제출함으로써 1순위 상속인들이 모두 상속포기함으로써 2순위 상속인들인 직계존속이 상속인이 된 사실을 증명해야 합니다.

첨부할 신분자료
1. 피상속인 : 기본증명서, 가족관계증명서, 주민등록초본
2. 손자와 손녀들 : 가족관계증명서
3. 피상속인의 배우자, 자녀들, 손자녀들의 상속포기 심판문
4. 신청인인 피상속인의 부모 : 가족관계증명서, 주민등록초번, 인감증명서(본인발급) 또는 본인서명확인서

라. 피상속인의 가족들과 부모의 상속포기로 형제가 상속인이 되는 사례

ⅰ) 형제가 피상속인의 사망 당시에 생존한 경우

1순위 상속인인 피상속인의 배우자와 자녀들 및 손자녀들이 모두 상속을 포기하고 이후 2순위 상속인인 부모도 상속을 포기하거나 피상속인의 사망 전에 이미 사망했다면 피상속인의 형제들이 상속인이 됩니다.

이러한 경우에는 형제 중 1명이 한정승인을 하고 나머지 형제들이 모두 상속을 포기할 수 있습니다.

> **첨부할 신분자료**
> 1. 피상속인 : 기본증명서, 가족관계증명서, 주민등록초본
> 2. 손자와 손녀들 : 가족관계증명서
> 3. 피상속인의 배우자, 자녀들, 손자녀들 및 부모의 상속포기 심판문
> 4. 피상속인의 부모가 피상속이보다 먼저 사망했다면 부모의 기본증명서, 가족관계증명서, 다만 2008년 이전에 사망했다면 사망한 부모의 제적등본
> 5. 한정승인을 신청하는 형제 : 가족관계증명서, 주민등록초번, 인감증명서(본인발급) 또는 본인서명확인서, 피상속인과 한정승인을 신청하는 형제가 형제라는 사실을 확인할 수 있는 부모의 제적등본, 만일 아버지가 같고 어머니가 다르거나, 어머니가 같고 아버지가 다른 형제라면 그 사실을 증명할 수 있는 양 부모의 제적등본

ii) 형제자매 중 일부가 피상속인보다 먼저 사망한 경우

피상속인이 형제인 경우에 피상속인보다 먼저 사망한 형제가 있는 경우에는 대습상속이 이루어지므로 먼저 사망한 형제의 배우자와 자녀들이 먼저 사망한 형제를 대습하여 상속인이 됩니다.

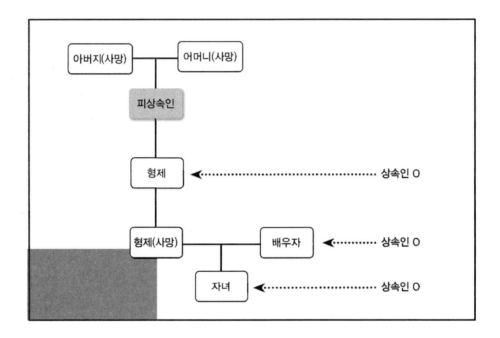

4. 상속포기의 신청

가. 신청자격

상속포기는 상속인의 지위 자체를 포기하는 것이므로 포기할 상속인의 지위 자체가 없는 상속인이 아닌 자(예: 사위, 며느리 등)는 상속포기를 신청할 수 없습니다.

다만 최우선순위 상속인이 아니라고 하더라도 차순위 상속인들은 최우선순위 상속인보다 먼저 또는 동시에 상속포기를 신청할 수 있습니다.

다만 최우선순위 상속인이 한정승인을 신청하였으나 심판이 수리되기 전에도 차순위 상속인이 상속포기를 신청할 수 있는지에 대해서는 논란의 소지가 있으나 상속포기의 신고에 관한 예규에서 '선순위 상속인이 상속포기신고를 하지 아니한 경우라도'라고 규정하고 있는 점에 비추어 본다면, 한정승인을 신청함으로써 최우선순위상속인이 상속인의 지위를 유지하겠다는 의사표시를 한 이상 차순위상속인이 상속포기를 신청할 수 없는 것으로 보입니다.

> **상속포기의 신고에 관한 예규(재특 2003-1)**
> **제3조 (후순위 상속인의 상속포기신고)**
> 피상속인의 상속인이 될 자격이 있는 사람(배우자, 직계비속, 직계존속, 형제자매, 4촌 이내 방계혈족)은 상속이 개시된 이후에는 선순위 상속인이 상속포기신고를 하지 아니한 경우라도 선순위 상속인보다 먼저 또는 선순위 상속인과 동시에 상속포기의 신고를 할 수 있다.

나. 순서

상속포기는 「피상속인의 사망 ⇒ 상속인들의 사망사실 인식 ⇒ 피상속인에 대한 사망신고 ⇒ 피상속인의 사망이 기록될 때까지 약 7일을 기다린 후 상속포기를 위한 신분자료

발급 ⇒ 상속포기 신청 ⇒ (법원의 보정명령 ⇒ 보정이행) ⇒ 법원의 심판문 발송 ⇒ 상속포기인들의 심판문 수령」의 순서에 따라 진행됩니다.

(1) 작성 방법 및 접수

먼저 아래와 같이 상속포기신청서를 작성한 후 피상속인의 최후주소지를 관할하는 법원에 신청서를 접수합니다.

신청서를 접수할 때는 청구인 1명당 5,000원의 정부수입인지를 은행에서 구입해서 신청서에 첨부해야 하는데 1만 원 이상은 은행에 현금 또는 카드 납부 후 영수필확인서를 받아 첨부할 수 있습니다. 또한 이외에 송달료라고 해서 우편비용을 납부하게 되는데 신청인 1명 당 31,200원이고 이 금액도 지정된 은행에 납부한 다음 납부서를 청구서에 첨부합니다. 인지대는 신청 후 결정을 받으면 반환받을 수 없으나, 송달료는 사용하고 남은 금액을 반환받을 수 있으므로 신청서를 접수할 때 남은 송달료를 반환받을 계좌를 기재해서 제출하면 모든 절차가 끝난 후 자동으로 신고한 계좌에 입금되므로 가능한 접수할 당시에 반환받을 계좌를 기재하는 것이 좋습니다. 그리고 인지대와 송달료의 납부는 일반적 신청서를 법원에 접수할 때 법원 내에 있는 우체국이나 은행을 이용합니다.

또한 상속인이 시민권자로 해외에 거주하는 경우는 아래와 같이 주소를 한글과 영문으로 모두 표기해야 하는데, 특별히 송달받을 주소가 주민등록초본 상의 주소와 다르면 아래와 같이 표시할 수 있습니다. 이것은 내국인도 같습니다.

주소: 미합중국 XXX주 XXX시 XXX 레인 1000

    (1000 영문으로 주소기재, GA 2000, USA)

송달장소 : 서울시 XX구 XX로1 16, XX빌딩 2층 XX주식회사

서식 1) 상속인인 배우자와 자녀가 함께 상속포기

상속재산포기심판청구

청 구 인(상속인)   1. 김○○ (390000 - 2000000)

등록기준지 : 경기도 XX시 XX구 XX로 100

주   소 : 경기도 XX시 XX구 XX로 467

2. 김◇◇ (640000 - 1000000)

등록기준지 : 경기도 XX시 XX구 XX로 100

주   소 : 경상남도 XX시 XX면 XX1로 50, 112동 207호
(XXXX아파트)

3. 김ㅁㅁ (670000 - 2000000)

등록기준지 : 서울 XX구 XX동 200번지의 10

주   소 : 경기도 XX시 XX구 XX로 24,

피상속인(사망자)   김◉◉ (350000 - 1000000)

사망일자 : 2023년 10월 21일

등록기준지 : 경기도 XX시 XX구 XX로 177

최후주소 : 경기도 XX시 XX구 XX로 467, 101동 2003호 (XX
동,XXX아파트)

청 구 취 지

청구인들의 망 김◉◉에 대한 재산상속포기 신고는 이를 수리한다.
라는 심판을 구합니다.

청 구 원 인

망 김◉◉(이하 '피상속인'이라고만 합니다)는 청구인 김ㅇㅇ 사이에서 청구 외 김XX, 청구인 김◇◇, 청구인 김ㅁㅁ를 두었으나 2023. 10. 21. 사망하였습니다. 따라서 우리 민법 제1000조의 규정에 따라 피상속인의 상속인은 배우자인 청구인 김ㅇㅇ, 직계비속인 청구 외 김XX, 청구인 김◇◇, 청구인 김ㅁㅁ가 됩니다.

그런데 우리 민법 제1019조 제1항에서는 「상속인은 상속개시있음을 안 날로부터 3월내에 단순승인이나 한정승인 또는 포기를 할 수 있다.」라고 규정하고 있습니다.

이에 망인을 피상속인으로 하는 상속절차에서 최우선순위인 청구인 김ㅇㅇ, 청구인 김◇◇, 청구인 김ㅁㅁ는 망인이 사망한 2023. 10. 21.로부터 기산하여 3개월 이내 상속을 포기하고자 이 사건 심판청구에 이르렀습니다.

그러하오니 망 김◉◉의 사망으로 인한 상속절차에 대한 청구인들의 이 사건 상속포기를 수리하여 주시기 바랍니다.

첨 부 서 류

1. 망 김◉◉(사건본인)의 기본증명서 등   각 1부.
1. 김ㅇㅇ의 가족관계증명서 등   각 1부.
1. 김◇◇의 가족관계증명서 등   각 1부.
1. 김ㅁㅁ의 가족관계증명서 등   각 1부.

2023.   11.   20.

위 청구인   김ㅇㅇ   (인감도장)
            김◇◇   (인감도장)
            김ㅁㅁ   (인감도장)

수원가정법원   귀중

서식 2) 상속인인 자녀와 미성년자인 손자가 함께 상속포기

[※ 손자 또는 대습인, 2순위 이하의 상속인들이 상속포기하는 경우에는 가족관계를 도표로 기재해야 합니다.]

상속재산포기심판청구

청 구 인(상속인)   1. 김○○ (820000-1000000)
등록기준지 : 서울특별시 XX구 XX동 00번지의 00
주 소 : 경기도 XX시 XXX로00번길 19, 101동 1003호 (X동,XXX아파트)
2. 김◇◇ (190000-300000)
등록기준지 : 서울특별시 XX구 XX동 00번지의 00
주 소 : 경기도 XX시 XXX로00번길 19, 101동 1003호 (X동,XXX아파트)
청구인2.는 미성년자이므로 법정대리인 부 김○○, 모 박XX
부 주민등록번호 : 820000-1000000
모 주민등록번호 : 850000-2000000

피상속인(사망자)   김◉◉ (530000-1000000)
사망일자 : 2023년 5월 4일
등록기준지 : 서울특별시 XX구 XX동 00번지의 00
최후주소 : 인천광역시 XX시 XXX로00번길 19, 101동 1003호 (X동,XXX아파트)

청 구 취 지

청구인들의 망 김◉◉에 대한 재산상속포기 신고는 이를 수리한다.
라는 심판을 구합니다.

청 구 원 인

망 김◉◉(이하 '피상속인'이라고만 합니다)는 청구외 이XX 사이에서 청구인1. 김○○을 두었으나 청구외 이XX와 이혼을 하였습니다. 그런데 피상속인은 2023. 5. 4. 사망하였습니다. 따라서 우리 민법 제1000조의 규정에 따라 피상속인의 상속인은 직계비속인 청구인1. 김○○이 됩니다. 그리고 청구인1. 김○○은 청구외 박XX과 혼인하여 청구인2. 김◇◇을 두었습니다.

이러한 가족관계를 기재하면 아래와 같습니다.

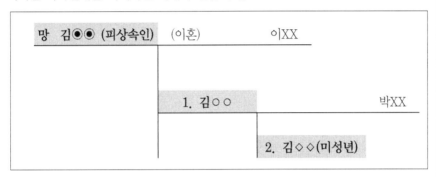

그리고 우리 민법 제1019조 제1항에서는 「상속인은 상속개시있음을 안 날로부터 3월내에 단순승인이나 한정승인 또는 포기를 할 수 있다.」라고 규정하고 있습니다.

이에 피상속인의 직계비인 청구인1. 김○○과 청구인2. 김◇◇은 피상속인의 1순위 상속인으로써 피상속인이 사망한 2023. 5. 4.로부터 기산하여 3개월 이내 상속을 포기하고자 이 사건 심판청구에 이르렀습니다.

그러하오니 피상속인의 사망으로 인한 상속절차에 대한 청구인들의 이 사건 상속포기를 수리하여 주시기 바랍니다.

첨 부 서 류

1. 망 김◉◉(사건본인)의 기본증명서 등   각 1부.
1. 김○○의 가족관계증명서 등   각 1부.
1. 김◇◇의 기본증명서 등   각 1부.

2023. 6. 20.

위 청구인   김○○   (인감도장)

김○○   (인감도장)

청구인2.는 미성년자이므로

법정대리인   부 김○○   (인감도장)

모 박XX   (인감도장)

인천가정법원   귀중

상속재산포기심판청구

청 구 인(상속인)   이○○ (660325-2024312)

주   소 : 서울특별시 XX구 XXX8길 14, 205동 107호

           (XX동,XX아이파크)

등록기준지 : 서울특별시 XX구 XX동 210번지

피상속인(사망자)   이◉◉ (400916-1051127)

사망일자 : 2023년 3월 7일

최후주소 : 서울특별시 XX구 XXX1길 23, 107동 201호 (XX

           동,XX삼성아파트)

등록기준지 : 서울특별시 XX구 XX동 140번지

청 구 취 지

청구인의 망 이◉◉에 대한 재산상속포기 신고는 이를 수리한다.

라는 심판을 구합니다.

청 구 원 인

청구외 망 이XX(1964.5.10. 사망)은 청구외 망 한XX(2000.09.24. 사망)와 혼인하여 그 슬하에 청구외 이XX(2013.8.17. 사망), 이 사건의 피상속인 망 이◉◉, 청구외 이XX, 청구외 이XX의 4명(3남1녀))을 두었습니다. 그런데 피상속인 망 이◉◉(이하 '망인'이라고만 합니다)는 배우자와 직계비속이 없이 2023. 3. 7.에 사망하였습니다.

그리하여 배우자, 직계비속, 직계존속이 없는 망인의 상속인으로는 우리 민법 제1000조 1.항의 규정에 따라 형제들이 되나, 형제 중 청구외 이XX는 청구외 김XX과 혼인하여 청구인 이○○, 청구외 이XX, 청구외 이XX의 3녀를 둔 후에 2013. 8.

17. 사망하였습니다. 따라서 민법 제1001조 대습상속 규정에 따라 망인의 상속인으로는 사망한 형제인 청구외 이XX의 대습인들인 청구인 김XX, 청구인 이○○, 청구외 이XX, 청구외 이XX 및 생존 중인 형제들인 청구외 이XX와 청구외 이XX가 됩니다. 이러한 가족관계를 정리하면 아래와 같습니다.

– 가계도 –

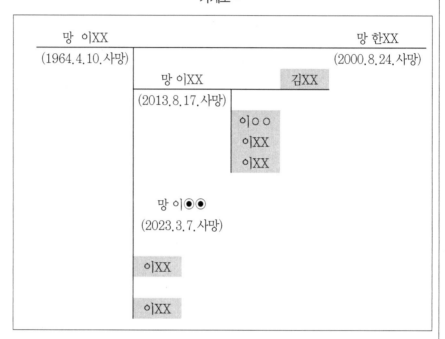

그런데 우리 민법 제1019조 제1항에서는 「상속인은 상속개시있음을 안 날로부터 3월내에 단순승인이나 한정승인 또는 포기를 할 수 있다.」라고 규정하고 있습니다. 그리고 이에 대하여 법원은 「민법 제1019조 제1항의 상속개시 있음을 안 날이라 함은 상속인이 상속개시의 원인되는 사실의 발생(즉 피상속인의 사망)을 알게 됨으로써 자기가 상속인이 되었음을 안 날을 말하는 것이지 상속재산의 유무를 안 날을 뜻하거나 상속포기제도를 안 날을 의미하는 것은 아니다(대법원 1988. 8. 25.자 88스10,11,12,13 결정).」이라고 판단하고 있습니다.

그런데 조부인 망 이XX이 1964. 4. 10. 사망하여 장남인 망 이XX가 호주를 승계한 후 망인은 미혼인 상태에서 1970. 10. 1. 호적을 분리하여 분가를 하였고, 이후 망인과 망 이XX의 가족은 별다른 교류를 하지 않았습니다. 더구나 형제인 망 이XX가 2013. 8. 17. 사망하게 되자 더더욱 서로의 사정에 대해서 알지 못하였고, 어떻게 사는지도 알지 못하였습니다. 그리하여 청구인을 포함한 망 이XX의 가족은 망인의 사망사실을 알지 못하였습니다('망 이◉◉의 제적등본', '망 이◉◉의 기본증명서', '망 이XX의 기본증명서' 참조).

그리하여 망인이 2023. 3. 7. 사망은 망 이성재의 대습인들이 아닌 비동거친족인 형제 청구외 이XX에 의하여 2023. 3. 25. 신고되었습니다.

그러던 중 XX시 XX구청에서 청구외 이XX에게 망인이 사망자를 망인으로 하고, 사망일을 2023. 3. 25.으로 하고, 상속재산을 XX동 21–1번지로 하고, 법정상속인을 청구외 이XX으로 하고, 신고납부기한을 2023. 10. 30.로 하는 '상속재산 취득세 신고·납부 안내문'을 발송하였고, 청구외 이XX은 "2023. 9. 20." 위 안내문을 송달받게 되었습니다('상속재산 취득세 신고·납부 안내문' 참조).

이에 청구외 이XX은 2023. 9. 22. 안심상속원스톱서비스를 신청하여 망인의 상속재산에 대한 확인을 하면서 청구인에게 망인의 사망사실과 그로 인하여 청구인이 대습상속인의 지위를 취득한 사실을 통지하였습니다('안심상속원스톱서비스 접수증' 참조).

그렇다면 청구인이 망인의 사망사실을 알게 되고 그로 인하여 상속인의 지위를 취득한 사실을 안 날은 2023. 9. 20.이라고 할 것이므로 그로부터 기산하여 3개월 이내 상속포기 또는 한정승인을 신청할 수 있습니다.

이에 청구인은 피상속인을 망 이◉◉로 하는 상속절차에서 민법 제1019조 규정에 따른 상속포기를 신청하오니 청구인의 이 사건 상속포기를 수리하여 주시기 바랍니다.

첨 부 서 류

1. 망 이◉◉의 기본증명서 등   각 1부.
1. 망 이◉◉의 제적등본   각 1부.

1. 망 이XX의 제적등본   각 1부.
1. 망 이XX의 가족관계증명서 등   각 1부.
1. 이○○의 기본증명서 등   각 1부.
1. 상속재산 취득세 신고·납부 안내문   1부.
1. 안심상속원스톱서비스 접수증   1부.

2023.   11.   .

위 청구인 이○○   (인감도장)

서울가정법원   귀중

(2) 보정명령

일부 미비한 자료가 있다면 법원에서는 아래와 같이 보정명령을 하게 됩니다.

서식) 법원의 보정명령 사례

서 울 가 정 법 원
보 정 명 령

사 건 2022느단XXXX 상속재산포기
[청구인 : 이XX 외 2명 / 사건본인 : 김XX]
이 명령을 받은 날로부터 20일 안에 다음 사항을 보정하시기 바랍니다.

다 음

1. 미성년자인 청구인 1. 이XX을 위한 특별대리인 선임청구 여부를 소명하시기 바랍니다(청구원인 2.항 관련).
2. 위 청구인 1. 이XX과 관련하여, 특별대리인선임 사건의 인용 후 그 심판문과 함께 특별대리인을 표시한 당사자표시정정신청서, 특별대리인의 인감도장이 날인된 신청서, 특별대리인의 본인발급 인감증명서를 제출하시기 바랍니다.

2023. 10. 31.
법원주사보 XXX (인)

(3) 보정기일연기신청서의 제출

법원에서 보정명령이 오면 기일 내에 반드시 보정을 해야 합니다. 만일 지정된 기일 안에 보정을 할 수 없는 경우에는 아래와 같이 보정기일연기신청서를 제출해서 보정기일을 연기하시기 바랍니다.

서식) 보정기일 연기신청서

보정기일연기신청서

사　　건　　2022느단XXXX 상속포기
청 구 인　　이XX 외 2명
사건본인　　망 김XX

　위 사건에 대하여 청구인들은 다음과 같이 보정기일 연기를 신청합니다.

다　음

귀 법원에서는 2023. 10. 31. 보정기한을 송달받은 날로부터 20일 이내로 하여 '1. 미성년자인 청구인 1. 이XX을 위한 특별대리인 선임청구 여부를 소명하시기 바랍니다(청구원인 2.항 관련). 2. 위 청구인 1. 이XX과 관련하여, 특별대리인선임 사건의 인용 후 그 심판문과 함께 특별대리인을 표시한 당사자표시정정신청서, 특별대리인의 위임을 받은 소송위임장, 특별대리인의 본인발급 인감증명서를 제출하시기 바랍니다.'라는 보정명령을 하였습니다.　그리고 청구인들은 2023. 11. 5. 위 보정명령을 송달받았습니다.

그런데 청구인들은 서울가정법원 2022느단56270 특별대리인 신청을 하였으나 현재까지 결정이 되지 않고 있습니다.　이에 청구인들은 법원의 허가결정이 되면 특별대리인선임에 대한 심판문을 첨부하여 당사자표시정정을 하도록 할 예정이므로 보정기간을 2024. 2. 20.로 연기하여 주시기 바랍니다.

첨부 1. 특별대리인신청 접수증 1부.

2023.   12.   1.

위 청구인   이XX   (인)
                 이XX   (인)
                 이XX   (인)

서울가정법원 사법보좌관(XX비송)   **귀중**

(4) 보정서 제출

보정기일 안에 보정을 할 준비가 되었다거나, 보정기일을 한 차례 연기한 후 보정준비가 되었다면 아래와 같은 서식에 따라 보정서를 제출하면 됩니다.

서식 1) 일반적인 보정서

보 정 서

사   건   2023느단XXXX상속포기
청 구 인   장XX
사건본인   망 정XX

위 사건에 대하여 청구인은 다음과 같이 보정서를 제출합니다.

다 음

1. 보정할 사항
사건본인의 폐쇄기본증명서(상세), 폐쇄가족관계등록부, 말소자초본을 제출하시기
바랍니다.

2. 보정내용
보정해서 첨부하였습니다.

2022.   12.   26.

위 청구인 이XX   (인)

서울가정법원 사법보좌관(XX비송)   귀중

서식 2) 예외적인 보정서

보 정 서

사　　건　　2022느단XXXX　상속포기
청 구 인　　이XX 외 2명
사건본인　　망 김XX

위 사건에 대하여 청구인들은 다음과 같이 보정서를 제출합니다.

다 음

1. 보정할 사항
1. 미성년자인 청구인 1. 이XX을 위한 특별대리인 선임청구 여부를 소명하시기
　　바랍니다(청구원인 2.항 관련).
2. 위 청구인 1. 이XX과 관련하여, 특별대리인선임 사건의 인용 후 그 심판문과
　　함께 특별대리인을 표시한 당사자표시정정신청서, 특별대리인의 인감도장이 날
　　인된 신청서, 특별대리인의 본인발급 인감증명서를 제출하시기 바랍니다.

2. 보정내용
1. 청구인 1. 이XX의 특별대리인선임 심판문을 첨부하여 제출합니다.
2. 당사자표시정정신청서를 별도로 제출하도록 하겠습니다.　또한 특별대리인 이XX
　　의 인감도장이 날인된 상속포기 신청서와 본인발급 인감증명서는 첨부하여 제출
　　합니다.

첨부 1. 특별대리인선임 심판문
　　　 1. 특별대리인선임 인감 날인된 신청서와 인감증명서

2023.　　12.　　17.

위 청구인　　　　이XX　　　　　　　(인)

이XX   (인)

이XX   (인)

서울가정법원 사법보좌관(XX비송)   귀중

---

(5) 심판문의 송달

보정서를 제출하고 나면 일반적으로 약 10일 전후로 아래와 같은 심판문을 송달 받게 되고, 이때 비로소 상속포기의 효력이 발생하게 됩니다.

심판문 1) 배우자와 자녀들의 상속포기

수 원 가 정 법 원
심   판

사   건   2023느단XXXX 상속포기

청 구 인   1. 김XX (401212-2234678)

　　　　　　주소 XX시 XX구 XXX로 123, 123동 456호 (XXX동, XXXXX마크)

　　　　　2. 김XX (671212-1234567)

　　　　　　주소 XX시 XX면 XXX1로 12, 123동 456호 (XXX)

　　　　　3. 김XX (691129-22345678)

　　　　　　주소 XX시 XX구 XX로 12, 123동 1234호 (XX동, XX마을)

피상속인   망 김XX (351212-1234567)

　　　　　　2023. 3. 25. 사망

　　　　　　최후주소 XX시 XX구 XXX로 123, 123동 4563호 (XXX동, XXXXX마크)

　　　　　　등록기준지 성남시 분당구 미금로 177

주   문

　청구인들이 피상속인 망 김XX의 재산상속을 포기하는 2023. 5. 11.자 신고는 이를 수리 한다.

이   유

이 사건 청구는 이유 있으므로 주문과 같이 심판한다.

2023. 6. 12.

사법보좌관 XXX   (인)

수원가정법원 성남지원
심 판

사　　건　2021느단200005 상속포기
청 구 인　1. 안XX (280202-2037415)
　　　　　　　주소 XX시 XX구 XX로 123, 123동 123호(XX동, XX마을XX아파트)
　　　　　　　등록기준지 XX시 XXX구 XXX로11길 12
　　　　　2. 김XX (외국인등록번호: 481212-6121212, 성별: 여, 국적: 미국)
　　　　　　　국내거소 XX시 XX구 XX로 123, 123동 123호(XX동, XX마을XX
　　　　　　　　아파트)
　　　　　3. 김XX (511212-1234567)
　　　　　　　주소 미합중국 XX주 XXX데일 123 XXX 애비뉴 아파트 1층 A동
　　　　　　　　　(XXX1 Ave, Apt. 2A , XXXdale, XX 12345, USA)
　　　　　　　등록기준지 XX시 XXX구 XXX로 11길 12
　　　　　4. 김XX (591212-2123456)
　　　　　　　주소 미합중국 12345 뉴욕주 XXX데일 12 XXX 로드 (12XXX
　　　　　　　　　Road, XXXdale, New York 12345, USA)
　　　　　　　등록기준지 XX시 XXX구 XXX로 11길 12

피상속인　망 김XX (221212-1234567)
　　　　　　2021. 11. 12. 사망
　　　　　　최후주소 XX시 XX구 XX로 123, 123동 123호(XX동, XX마을XX
　　　　　　　아파트)
　　　　　　등록기준지 XX시 XXX구 XXX로11길 12

주　　　문

청구인들이 피상속인 망 김XX의 재산상속을 포기하는 2022. 1. 5.자 신고는 이를

수리한다.

이   유

이 사건 청구는 이유 있으므로 주문과 같이 심판한다.

2022. 3. 4.
사법보좌관 XXX

다. 신청기간

(1) 1순위 상속인

(가) 배우자와 자녀 등

우리 민법 제1019조 1.항에서는「① 상속인은 상속개시있음을 안 날로부터 3월내에 단순승인이나 한정승인 또는 포기를 할 수 있다.」라고 규정하고 있습니다. 따라서 상속인은 상속개시가 있음을 안 날로부터 3개월 안에 한정승인을 신청할 수 있습니다. 상속은 피상속인이 사망함으로써 시작되기 때문에 민법 제1019조 1.항에서 의미하는 '상속개시'는 피상속인의 사망으로 상속이 개시가 됨을 의미합니다(대법원 2005. 7. 22. 선고 판결, 대법원 2013. 6. 14. 선고 2013다15869 판결 등).

따라서 최우선순위의 상속인인 배우자와 자녀가 어떠한 사정으로 피상속인의 사망사실을 알지 못하다가 일정한 시간이 지나서 피상속인의 사망을 알게 된 경우에는 실제 사망일이 아닌 사망사실을 안 날을 기준으로 하게 됩니다. 물론 이 경우 언제 피상속인의 사망사실을 알게 되었는지에 대한 입증책임은 이를 주장하는 신청인인 상속인에게 있습니다. 그리고 미성년자가 상속인인 자녀가 미성년자인 경우에는 미성년자의 법정대리인을 기준으로 합니다.

> **대법원 2013. 6. 14. 선고 2013다15869 판결**
> 민법 제1019조 제1항은 상속인은 상속이 개시되었음을 안 날로부터 3월 내에 상속포기를 할 수 있다고 규정하고 있는바, 여기서 상속이 개시되었음을 안 날이라 함은 상속개시의 원인이 되는 사실의 발생을 알고 이로써 자기가 상속인이 되었음을 안 날을 뜻한다.
>
> **대법원 1991. 6. 11. 자 91스1 결정 [재산상속인상속포기신고]**

민법 제1019조 제1항 소정의「상속개시있음을 안 날」이라 함은 상속개시의 원인이 되는 사실의 발생을 앎으로써 자기가 상속인이 되었음을 안 날을 말하고, 상속재산이 있음을 안 날을 말하는 것이 아니다.

같은 취지 : 대법원 1991. 6. 11. 자 91스1 결정 [재산상속인상속포기신고]

따라서 피상속인의 해외거주, 별거, 재혼 등을 이유로 피상속인의 사망사실을 알지 못하다가 뒤늦게 피상속인의 사망사실을 알게 된 1순위 상속인인 배우자와 자녀는 피상속인의 사망일과 무관하게 피상속인이 사망한 사실을 안 날로부터 3개월 안에 한정승인 또는 상속포기를 신청할 수 있습니다.

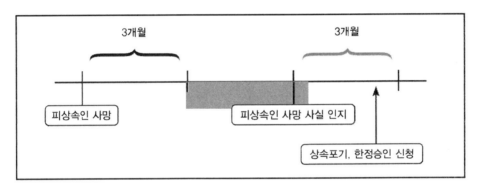

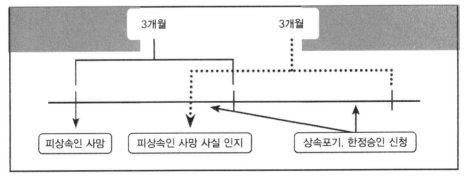

이와 같은 법리에 따라 자녀인 상속인이라고 하더라고 어떠한 사정으로 인하여 피상속인의 사망 사실을 알지 못한 경우에는 피상속인의 사망사실을 안 날로부터 3개월 안에 신청일로부터 3개월 이내에 피상속인의 사망사실을 안 사실을 입증함으로써 상속포기 신청을 할 수 있습니다.

사례1) 아래의 사례는 피상속인이 2017. 10. 12. 사망했음에도 불구하고 피상속인의 자녀인 상속인은 이를 알지 못하다가 법원의 송달로 피상속인의 사망사실을 알게 되어 피상속인이 사망한 날로부터 약 5년이 지난 2022. 8. 12. 상속포기를 신청한 사례입니다. 당시 해당 상속인은 피상속인의 사망사실을 알지 못했던 사실을 증명함으로써 상속포기를 수리 받을 수 있었습니다.

피상속인　　망 구○○ (55○○○○-2○○○○○○)
　　　　　　2017. 10. 12. 사망
　　　　　　최후주소 서울특별시 ○○구 ○○길 ○○-○ (○○동)

주 문

청구인이 피상속인 망 구○○의 재산상속을 포기하는 2022. 8. 12.자 신고는 이를 수리한다.

이 유

이 사건 청구는 이유 있으므로 주문과 같이 심판한다.

2022. 9. 8.

(나) 성년인 손자와 손녀

일반적으로 1순위 상속인을 배우자와 자녀라고 알고 있습니다. 그러나 상속순위에 관해서 규정하고 있는 제1000조 1.항 1호에서는 1순위 상속인으로 '피상속인의 직계비속'이라고 하고 있으며, 같은 2.항에서는 '동순위의 상속인이 수인인 때에는 최근친을 선순위로 하고 동친등의 상속인이 수인인 때에는 공동상속인이 된다.'라고 규정하고 있습니다. 그리고 배우자의 상속순위에 관해서 규정하고 있는 제1003조 1.항에서는 '피상속인의 배우자는 제1000조제1항제1호와 제2호의 규정에 의한 상속인이 있는 경우에는 그 상속인과 동순위로 공동상속인이 되고 그 상속인이 없는 때에는 단독상속인이 된다.'라고 규정하고 있습니다[4].

그러므로 이러한 규정에 의하면 손자와 손녀도 1순위 상속인이 되지만 같은 직계비속 중 피상속인과 1촌인 부모가 있으므로 피상속인의 배우자와 1촌인 부모가 상속포기하기 전에는 2촌의 직계비속인 손자와 손녀는 상속인의 지위를 취득할 수 없습니다.

그런데 1순위 상속인인 배우자와 직계비속과 전원 상속포기를 하게 되면 2촌에 해당하는 직계비속인 손자와 손녀가 상속인의 지위를 취득하게 되는데, 이때 문제되는 것은

---

4) 민법
제1000조(상속의 순위)
① 상속에 있어서는 다음 순위로 상속인이 된다. 〈개정 1990.1.13〉
1. 피상속인의 직계비속
2. 피상속인의 직계존속
3. 피상속인의 형제자매
4. 피상속인의 4촌 이내의 방계혈족
② 전항의 경우에 동순위의 상속인이 수인인 때에는 최근친을 선순위로 하고 동친등의 상속인이 수인인 때에는 공동상속인이 된다.
제1003조(배우자의 상속순위)
① 피상속인의 배우자는 제1000조제1항제1호와 제2호의 규정에 의한 상속인이 있는 경우에는 그 상속인과 동순위로 공동상속인이 되고 그 상속인이 없는 때에는 단독상속인이 된다.
② 제1001조의 경우에 상속개시전에 사망 또는 결격된 자의 배우자는 동조의 규정에 의한 상속인과 동순위로 공동상속인이 되고 그 상속인이 없는 때에는 단독상속인이 된다.

배우자와 자녀들의 상속포기 효력의 발생시점입니다.

이에 대해서 법원은 「상속의 한정승인이나 포기는 상속인의 의사표시만으로 효력이 발생하는 것이 아니라 가정법원에 신고를 하여 가정법원의 심판을 받아야 하며, 심판은 당사자가 이를 고지받음으로써 효력이 발생한다(대법원 2016. 12. 29. 선고 2013다7 3520 판결).」라고 판단하였습니다.

따라서 배우자와 자녀의 상속포기로 인하여 2촌인 손자녀가 상속인의 지위를 취득하는 시기는 배우자와 자녀들의 상속포기에 대한 심판이 수리된 때, 해당 심판문이 발송된 때가 아니라 해당 심판문을 배우자와 자녀들이 수령한 때라고 볼 수 있습니다.

그러므로 2촌의 직계비속인 손자녀는 최우선순위 상속인들인 배우자와 자녀들이 모두 상속포기를 신청해서 심판이 수리된 후 해당 심판문을 수령한 날로부터 3개월 안에 한정승인을 신청할 수 있습니다.

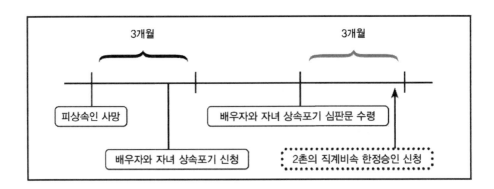

> **대법원 2005. 7. 22. 선고 판결**
>
> 선순위 상속인으로서 피상속인의 처와 자녀들이 모두 적법하게 상속을 포기한 경우에는 피상속인의 손(孫) 등 그 다음의 상속순위에 있는 사람이 상속인이 되는 것이나, 이러한 법리는 상속의 순위에 관한 민법 제1000조 제1항 제1호(1순위 상속인으로 규정된 '피상속인의 직계비속'에는 피상속인의 자녀뿐 아니라 피상속인의 손자녀까지 포함된다.)와 상속포기의 효과에 관한 민법 제1042조 내지 제1044조의 규정들을 모두 종합적으로 해석함으로써 비로소 도출되는 것이지 이에 관한 명시적 규정이 존재하는 것은 아니어서 일반인의 입장에서 피상속인의 처와 자녀가 상속을 포기한 경우 피상속인의 손자녀가 이로써 자신들이 상속인이 되었다는 사실까지 안다는 것은 오히려 이례에 속한다고 할 것이고, 따라서 이와 같은 과정에 의해 피상속인의 손자녀가 상속인이 된 경우에는 상속인이 상속개시의 원인사실을 아는 것만으로 자신이 상속인이 된 사실을 알기 어려운 특별한 사정이 있다.

(다) 미성년인 상속인

1남 1녀의 자녀를 둔 가정에서 남편이 사망함으로써 상속이 개시되어 상속인으로는 배우자와 2명의 자녀가 있게 되었는데, 남편의 사망 당시 자녀들이 미성년자인 경우 원칙적으로 미성년자들이 상속한정승인 또는 상속포기를 할 수 있는 기간은 법정대리인인 부모를 기준으로 합니다. 따라서 위의 경우에는 아버지가 사망했으므로 어머니가 법정대리인이 되므로 어머니를 기준으로 자녀들의 상속포기나 상속한정승인의 기간을 산정하게 됩니다.

하여 어머니가 어떠한 이유로 정해진 기간 안에 상속포기나 상속한정승인을 하지 않아 단순승인이 되는 경우 미성년자인 자녀들은 자신들의 잘못이 없이 피상속인의 채무를 그대로 승계받게 되는 불이익을 보게 됩니다.

이에 국회는 2022. 12. 13. 상속한정승인과 상속포기에 대해서 규정하고 있는 민법

제1019조 1.항에 대해서 4.항을 신설하면서 「제1항에도 불구하고 미성년자인 상속인이 상속채무가 상속재산을 초과하는 상속을 성년이 되기 전에 단순승인한 경우에는 성년이 된 후 그 상속의 상속채무 초과사실을 안 날부터 3개월 내에 한정승인을 할수 있다. 미성년자인 상속인이 제3항에 따른 한정승인을 하지 아니하였거나 할 수 없었던 경우에도 또한 같다.」라고 규정하였습니다. 그리고 부칙을 통하여 위 규정은 공포한 날로부터 즉시 시행되고, 원칙적으로는 2022. 12. 13. 이후에 상속이 개시된 사건에 대해서만 적용되고 예외적으로도 일정한 조건을 갖추면 그 이전에 상속이 발생한 사건에도 적용하도록 하고 있습니다.

따라서 피상속인이 2022. 12. 13. 이후에 사망했으나 법정대리인이 상속인이 된 사실을 안 날로부터 3개월 안에 상속포기나 상속한정승인을 하지 않아 단순승인이 된 경우 미성년자는 성년이 된 후 상속채무가 상속재산보다 더 많은 사실을 안 날로부터 3개월 안에 특별한정승인을 신청할 수 있습니다.

그런데 이와 같은 민법 제1019조 4.항의 규정에 의하면 미성년자가 성년이 된 후 상속포기를 신청할 수 없습니다. 또한 상속채무가 상속재산보다 많은 경우를 전제로 하므로 특별한정승인만을 할 수 있습니다. 그런데 이러한 특별한정승인의 신청을 위해서는 '상속채무 〉 상속재산'인 사실 이외에 '상속채무 〉 상속재산인 사실을 언제 알았는지?'를 증명할 책임이 있습니다. 미성년자의 성년 후 상속한정승인의 신청기간은 상속채무가 상속재산보다 많은 사실을 안 날로부터 3개월이고 그 사실은 특별한정승인을 신청하는 미성년자에게 있기 때문입니다.

반면에 개정 전의 민법 규정에 의하면 미성년자의 법정대리인이 피상속인의 사망으로 미성년인 자녀가 상속인이 된 것을 안 날로부터 3개월 이내라면 일반한정승인은 물론 상속포기 신청도 할 수 있습니다. 그리고 이같이 법정대리인이 미성년자에 대한 상속포기를 신청하게 되면 미성년자는 처음부터 상속인으로부터 배제되므로 이후 단순승인으로 간주 될 가능성이 현저히 줄어들게 됩니다.

또한 미성년자에 대해 상속한정승인을 신청하더라도 법정대리인인 부모가 함께 한정승인을 신청해서 청산절차를 진행하게 되므로 보다 쉽게 상속한정승인의 절차를 마무리할 수 있습니다.

그러므로 가능하다면 피상속인의 사망으로 상속이 개시되었다면 법정대리인의 선택에 따라 법정대리인과 함께 미성년인 상속인이 함께 상속포기를 하든 아니면 법정대리인은 상속한정승인을 하고 미성년인 상속인은 상속포기를 하든 상속인이 된 사실을 안 날로부터 3개월 안에 상속한정승인 또는 상속포기를 신청하는 것이 안전하다고 할 것입니다.

부칙 〈제19069호, 2022.12.13

제1조(시행일) 이 법은 공포한 날부터 시행한다.

제2조(미성년자인 상속인의 한정승인에 관한 적용례 및 특례)

① 제1019조제4항의 개정규정은 이 법 시행 이후 상속이 개시된 경우부터 적용한다.

② 제1항에도 불구하고 이 법 시행 전에 상속이 개시된 경우로서 다음 각 호의 어느 하나에 해당하는 경우에는 제1019조제4항의 개정규정에 따른 한정승인을 할 수 있다.

1. 미성년자인 상속인으로서 이 법 시행 당시 미성년자인 경우

2. 미성년자인 상속인으로서 이 법 시행 당시 성년자이나 성년이 되기 전에 제1019조제1항에 따른 단순승인(제1026조제1호 및 제2호에 따라 단순승인을 한 것으로 보는 경우를 포함한다)을 하고, 이 법 시행 이후에 상속채무가 상속재산을 초과하는 사실을 알게 된 경우에는 그 사실을 안 날부터 3개월 내

따라서 위 부칙에 의하면 미성년자인 상속인은 위 규정이 공포되기 전에 상속개시된 경우에도 일정한 조건을 갖추면 적용을 받을 수 있다고 할 것입니다.

(2) 2순위 이하의 상속인들

2순위 이하의 상속인들은 1순위 상속인들의 상속포기와 동시에 또는 1순위 상속인들의 상속포기와 무관하게 피상속인이 사망한 날로부터 3개월 안에 상속포기를 신청할 수 있습니다. 또한 1순위를 포함한 선순위 상속인들이 전원 상속포기함으로써 자신이 상속인이 된 사실을 안 날로부터 3개월 안에 상속포기를 신청할 수 있습니다.

라. 제출할 서류 및 신청인의 표시방법

(1) 1순위 상속인 : 배우자와 자녀 및 손자

피상속인이 사망한 사실을 증명할 수 있는 기본증명서, 가족관계증명서, 말소자초본, 신청인이 상속인임을 증명할 신청인의 가족관계증명서, 주민등록초본, 인감증명서(본인발급)를 첨부하면 됩니다. 다만 이때 발급받는 인감증명서는 다른 사람에게 발급을 부탁해서 발급되는 대리발급이 아니라 본인이 직접 방문해서 발급받는 본인발급이어야 합니다. 만일 인감이 없다면 본인서명사실확인서로 대치할 수 있습니다.

본인서명확인서는 인감증명서가 없거나 인감증명서는 있으나 인감도장을 날인할 수 없는 경우에 발급받아 인감증명서를 대신하고 신청서에 이름을 기재하는 방법으로 인감도장 날인을 대신할 수 있습니다.

> **제출할 서류**
> 1. 피상속인 : 기본증명서, 가족관계증명서, 말소자초본 각 1부
> 2. 상속인 : 가족관계증명서, 주민등록초본, 인감증명서(본인발급) 또는 본인서명확인서 각 1부 및 인감도장

샘플) 본인서명확인서

■ 본인서명사실 확인 등에 관한 법률 시행령[별지 제2호서식]

문서확인번호 : 1271-■■■■■■■■   ※이 용지는 위조식별표지가 되어있음

본인서명사실확인서

성 명 (한 자)	김 ■ (金 ■)	서명	이름쓰는곳
주민등록 번 호	03■ -3■		
주소	서울특별시 ■■■■■■■■■■■■■■■■■■■■■■		

용도	부동산 관련용도 및 자동차 매도용도	[ ]소유권 이전 (매매, 증여 등) [ ]제한물권 설정 (근저당권 설정, 전세권 설정 등) [ ]그 밖의 용도 (가등기 설정 , 가등기 말소 등)	
		성명(법인명)	주민등록번호(법인등록번호)
	거래상대방 (매수자 등)	빈 란	빈 란
	주소	빈 란	
	그 외의 용도	법원제출용	

위임받은 사람	성명	빈 란
	주소(자격증 소지자 외의 사람에게 위임하는 경우만 작성)	
	빈 란	

위의 기재사항에 이상이 없음을 확인합니다.
발급 신청자 ■■■ ■■■

비고	

발급번호 No. 000000■   수수료   600원

위 본인의 서명사실을 확인합니다.   2023년 5월 19일

서울특별시 ■■구 ■■동장

작성방법 및 유의사항

1. 서명은 작성자 고유의 필체로 자신의 성명을 한글 또는 한자(외국인등록자는 외국인등록표, 국내거소신고자는 국내거소신고원부상의기호)로 다른 사람이 알아볼 수 있도록 적어야 합니다.

ⅰ) 배우자와 성년인 자녀들의 상속포기

부부 중 일방(예: 아버지)이 사망하게 되면 남은 일방 배우자(예: 어머니)와 자녀들이 상속인이 됩니다. 이때 상속인들은 모두 상속포기를 할 수 있습니다. 이 경우 제출할 서류는 피상속인(예: 아버지)의 기본증명서, 가족관계증명서(상세), 주민등록초본, 배우자(예: 어머니)의 가족관계증명서, 주민등록초본, 인감증명서(본인발급), 자녀들

의 가족관계증명서, 주민등록초본, 인감증명서(본인발급)입니다. 이때 각 신분 자료는 피상속인과 상속인 모두 본인을 중심으로 발급받아야 합니다.

제출할 서류

1. 피상속인 : 기본증명서, 가족관계증명서(상세), 말소자초본
2. 배우자인 상속인 : 가족관계증명서, 주민등록초본, 인감증명서(본인발급) 또는 본인서명확인서 각 1부 및 인감도장
3. 자녀인 상속인 : 가족관계증명서, 주민등록초본, 인감증명서(본인발급) 또는 본인서명확인서 각 1부 및 인감도장

이때 신청인의 표시는 아래와 같습니다.

서식) 신청자들의 당사자 기재방법

상속재산포기심판청구

청 구 인(상속인)   1. 김○○ (주민등록번호)
주 소 : 경기도 ○○시 ○○로○○번길 ○, 101동 103호
(○동, 롯데아파트)
등록기준지 : 서울특별시 ○○구 ○동 ○번지의 ○

2. 김◆◆ (주민등록번호)
주 소 : 경기도 ○○시 ○○로○○번길 ○, 101동 103호
(○동, 롯데아파트)
등록기준지 : 서울특별시 ○○구 ○동 ○번지의 ○

피상속인(사망자)   김◇◇ (주민등록번호)
사망일자 : 2023년 10월 1일

최후주소 : 인천광역시 ○○구 ○○로○○번길 ○, 105동 310
호 (○○동,○○아파트)
등록기준지 : 서울특별시 ○○구 ○동 ○번지의 ○

ii) 배우자와 미성년자인 자녀들의 상속포기

부부 중 일방의 배우자가 사망하게 되면 민법의 규정에 따라 남은 배우자와 자녀가
상속인이 됩니다. 이때 배우자는 자녀와 함께 상속포기를 신청할 수 있습니다.

제출할 서류
1. 피상속인 : 기본증명서, 가족관계증명서, 말소자초본 각 1부.
2. 배우자인 상속인 : 가족관계증명서, 혼인관계증명서, 주민등록초본, 인감증명
   서(본인발급) 또는 본인서명확인서 각 1부 및 인감도장
3. 자녀인 상속인 : 가족관계증명서, 주민등록초본, 인감증명서(본인발급) 또는
   본인서명확인서 각 1부 및 인감도장
4. 미성년 자녀인 상속인 : 기본증명서, 가족관계증명서, 주민등록초본, 미성년인
   지녀 수만큼 배우자의 가족관계증명서, 인감증명서(본인발급) 또는 본인서명
   확인서 각 1부 및 인감도장

이때에는 남은 배우자는 미성년인 자녀의 법정대리인의 자격으로 함께 상속포기를 할
수 있습니다.

상속재산포기심판청구

청 구 인(상속인)   1. ○○○ (○○○○○ － 2○○○○○○○)
                  주 소 : 서울특별시 ○○구 ○○로○길 ○○－○, 101동
                        106호 (○○동,○○아파트)
                  등록기준지 : 서울특별시 ○○구 ○○동 ○번지

                  2. ●◇◇ (○○○○○ － 3○○○○○○)
                  주 소 : 서울특별시 ○○구 ○○로○길 ○○－○, 101동
                        106호 (○○동,○○아파트)
                  등록기준지 : 서울특별시 ○○구 ○○동 ○번지
                  청구인2.는 미성년자이므로 법정대리인 모 ○○○
                  모 주민등록번호 : ○○○○○○ － 2○○○○○○

피상속인(사망자)   ●ⓜⓜ (○○○○○○ － 1○○○○○○)
                  사망일자 : 2023년 10월 20일
                  최후주소 : 서울특별시 ○○구 ○○로○길 ○○－○, 101동
                        106호 (○○동,○○아파트)
                  등록기준지 : 서울특별시 ○○구 ○○동 ○번지

이와 같이 신청을 하게 되면 다음과 같이 표시되어 심판문에 기재됩니다.

심판문) 미성년자의 상속포기

수원가정법원 안양지원
심   판

사 건   2020느단○○○○ 상속재산포기

청 구 인   1. 박○○ (110000-4000000)

2. ○○○ (000000-0000000)

청구인들 주소 ○○○ ○○○ ○○○○○ ○○○○○
○○○ ○○○ ○○○○○ ○○○○○

청구인 1은 미성년자이므로 법정대리인 친권자 모

피상속인   망 박○○ (810000-1000000)

2020. ○. ○. 사망

최후주소 ○○○ ○○○ ○○○○○ ○○○○○
○○○ ○○○ ○○○○○ ○○○○○

등록기준지 서울 ○○○ ○○○ ○○○○○ ○○○

주 문

청구인들이 피상속인 망 박○○의 재산상속을 포기하는 2020.○.○○.자 신고는
이를 수리한다.

iii) 배우자의 한정승인과 미성년인 자녀의 상속포기 : 특별대리인의 선임

미성년자인 자녀를 둔 부부 중 한쪽이 생전에 많은 채무를 부담한 상태에서 사망하게 되면 남은 배우자는 한정승인이나 상속포기를 생각하게 됩니다. 이 경우 일반적으로 자신의 배우자에 대한 채무가 그의 부모나 형제들에게 승계되는 것을 방지하고자 한정승인을 하게 됩니다. 그런데 한정승인의 경우 상속재산의 목록작성과 청산 등으로 인하여 상속포기보다 단순승인이 될 가능성이 높고 상속채권자들의 변제요구가 있을 수 있으므로 남은 배우자는 한정승인을 통해서 사망한 배우자의 상속채무가 주변의 친척들에게 승계되는 것을 차단하는 대신에 자신의 자녀는 상속포기를 통하여 상속인으로부터 배제되기를 원하기도 합니다.

더구나 최근 대법원의 판결에 따라 직계비속인 자녀들이 모두 포기하게 되면 상속인은 배우자가 되므로 사망한 배우자의 부모에게 상속채무가 승계되는 것도 염려할 필요가 없습니다.

그런데 자녀가 미성년자인 경우에는 스스로 상속포기를 신청할 수 없으므로 법정대리인인 부모가 대리인의 자격으로 미성년자의 상속포기를 신청해야 합니다. 그런데 부모가 한정승인을 신청하면서 미성년 자녀인 상속인을 법정대리해서 함께 한정승인을 신청하거나, 함께 상속포기를 신청하는 것은 허용되나, 법정대리인이 자신은 한정승인을 하면서 자신이 법정대리를 하고 있는 미성년자인 상속인을 대리하여 상속포기를 신청할 수 없습니다. 반대로 법정대리인인 부모가 상속포기를 하고 미성년인 자녀인 상속인을 법정대리하여 한정승인하는 것은 허용되지 않습니다.

따라서 이 경우 법정대리인과 달리 한정승인 또는 상속포기를 신청하는 미성년자인 상속인을 위한 특별대리인을 신청하게 되는데, 일반적으로는 사망한 배우자의 부모 중 한 명을 특별대리인으로 합니다.

이와 같이 미성년자의 법정대리인이 신청한 특별대리인 신청서에 아무런 문제가 없으면 선임신청을 수리해 줍니다.

그리고 특별대리인선임 심판문을 첨부한 후 신청인을 미성년자의 법정대리인에서 특별대리인으로 변경하는 당사자표시정정을 신청하게 되면 법원은 미성년자에 대한 심판을 수리하게 됩니다.

다만 이 경우 직계비속의 상속포기로 직계존속의 상속이 문제가 될 수 있는 최근 대법원의 판결변경에 따라 상속인이 배우자와 직계비속인 경우 직계비속이 전부 상속을 포기하게 되면 배우자가 단독상속인이 되므로 법정대리인인 배우자가 한정승인이 수리된 이후라면 직계존속은 상속포기를 신청할 필요가 없습니다.

> **대법원 2023. 3. 23.자 2020그42 전원합의체 결정**
> 피상속인의 배우자와 자녀 중 자녀 전부가 상속을 포기한 경우에는 배우자가 단독상속인이 된다고 봄이 타당하다. 이와 달리 피상속인의 배우자와 자녀 중 자녀 전부가 상속을 포기한 경우 배우자와 피상속인의 손자녀 또는 직계존속이 공동상속인이 된다는 취지의 종래 판례는 이 판결의 견해에 배치되는 범위 내에서 변경하기로 한다.

특별대리인선임신청

신 청 인   [피신청인의 부] 이◎◎ (760203-100000)

등록기준지 : 경기도 안양시 안양동 1번지

주 소 : 서울특별시 남원구 남원5길 1, 202동 104호 (남원동, 하나아파트)

피신청인(사건본인)   이◉◉ (101124-3000000)

등록기준지 : 경기도 안양시 안양동 1번지

주 소 : 서울특별시 남원구 남원5길 1, 202동 104호 (남원동, 하나아파트)

신 청 취 지

신청인은 피신청인 겸 사건본인을 위하여 사건본인의 모(母) 망 김◇◇의 상속재산포기심판을 청구하고자 하는바, 피신청인은 미성년자이므로 사건본인 이◉◉은 '서울특별시 XX구 XX3길 7 (XX동) 망인의 시아버지이며, 사건본인의 조부 이ㅇㅇ'를 특별대리인으로 선임한다.

라는 심판을 구합니다.

[사건본인 이◉◉의 특별대리인의 인적사항]

이 름 :   이ㅇ◯

사건본인과의 관계 : 조부 〈망 김◇◇의 시아버지〉

주민등록번호 : 47000 - 1000000

주소 : 서울특별시 XX구 XX3길 7 (시장동)

신 청 이 유

사건본인의 모친 망 김◇◇는 2023. 5. 1.자 사망하였는바, 망 김◇◇의 부채 등으로 인해 공동 상속인 중 신청인 이◎◎은 서울가정법원 2023느단0000 상속한정승인을 받고자 심판을 청구하였는바, 이는 법률상 이해상반 행위에 해당하여 사건본인에게 는 상속포기사건의 진행을 위하여 특별대리인선임이 필요합니다.

- 가계도 -

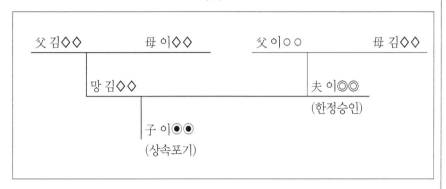

따라서 위 사건본인은 미성년자이므로 상속재산포기심판청구를 위해 사건본인 이◉◉에게 조부 이○○를 특별대리인으로 선임하고자 하오니 조속한 시일 내에 귀원의 계류 중인 상속재산포기절차를 진행할 수 있도록 결정하여 주시길 바랍니다.

첨 부 자 료

1. 망인의 기본증명서 등   각1부.
1. 신청인의 가족관계증명서 등   각1부.
1. 피신청인의 기본증명서 등   각1부.
1. 특별대리인의 가족관계증명서 등   각1부.
1. 특별대리인의 취임동의서 등   각1부.

2023.   9.   .

위 신청인 이 ◎ ◎   (인)

서울가정법원   귀중

특별대리인을 신청서에 첨부할 서류

1. 피상속인의 기본증명서, 가족관계증명서, 혼인관계증명서, 말소자초본.

2. 피신청인(미성년자인 상속인)의 기본증명서, 가족관계증명서, 주민등록초본.

3. 특별대리인을 신청한 신청인이 되는 미성년자의 법정대리인인 부모의 가족관계증명서, 혼인관계증명서, 주민등록초본.

4. 특별대리인의 가족관계증명서(상세), 주민등록초본, 특별대리인의 인감동장이 날인된 취임동의서 및 본인발급 인감증명서.

5. 법정대리인이 한정승인 또는 상속포기를 신청한 접수증이나 심판문 등

서식 2) 특별대리인의 취임동의서

동 의 서

사건 본인 : 이◉◉ (101124-3123456)
성 명 : 이○
주 소 : 서울특별시 XX구 XX3길 1 (XX동)
주민등록번호 : 471212 - 1234567

본인은 피상속인을 김◇◇(801212-2345678)로 하는 서울가정법원 2023느단1234
상속재산포기 사건에서 사건본인의 특별대리인으로 선임되는 것에 동의합니다.

2022. 11.   .

동의인　　　　성　명　　　　　(인감도장)
　　　　　　　연락처

서울가정법원　귀중

심판문) 특별대리인 선임

서 울 가 정 법 원
심 판

사　　건　2023느단12345 특별대리인선임
청 구 인　이XX (741212-1234567)
　　　　　　주소 서울 XX구 XX로 12, 1234호 (XX동, XX빌)
사건본인　이XX (111212-3123456)
　　　　　　주소 서울 XX구 XX로 12, 1234호 (XX동, XX빌)

주 문

사건본인이 피상속인 망 김XX에 대한 상속포기의 신고를 함에 있어 사건본인의
특별대리인으로 이XX[451234-1123456, 서울 XX구 XX중앙로 123-1 (XX동)]
를 선임한다.

이 유

이 사건 청구는 이유 있으므로 주문과 같이 심판한다.

2023. 1. 23.
판사 X　X　X　　(인)

당사자표시정정신청서

사　　건　　2022느단0000　상속포기
청 구 인　　이◉◉
사건본인　　망 김◇◇

위 사건에 관하여 청구인은 다음과 같이 당사자표시정정을 신청합니다.

다 음

1. 정정 전 청구인 이◉◉의 표시

청 구 인(상속인)　　이◉◉ (101124-3000000)
　　　　　　　　　　등록기준지 : 경기도 XX시 XX동 1번지
　　　　　　　　　　주 소 : 서울특별시 XX구 XX길 1, 000동 000호 (XX동,XX아
　　　　　　　　　　　　　　파트)

2. 정정 후 청구인 이◉◉의 표시

청 구 인(상속인)　　이◉◉ (101234-3000000)
　　　　　　　　　　등록기준지 : 경기도 XX시 XX동 1번지
　　　　　　　　　　주 소 : 서울특별시 XX구 XX5길 1, 000동 000호 (XX동,XX
　　　　　　　　　　　　　　아파트)
　　　　　　　　　　위 이◉◉은 미성년자이므로 특별대리인 이○○

3. 신청이유

청구인 이◉◉에 대한 서울가정법원 2023느단000 특별대리인선임 심판을 통하여
이○◯[471234-1000000, 서울특별시 XX구 XX3길 5 (XX동)]가 이 사건 청구인
이◉◉의 상속포기를 위한 특별대리인으로 선임되었으므로, 청구인 이◉◉에 대한
당사자표시정정신청을 합니다.

첨 부 서 류

1. 특별대리인선임심판문   1부.

　　　　　　2023.　　9.　　　.

　　　　　위 신청인 이 ◎ ◎　　(인)

서울가정법원　　귀중

서 울 가 정 법 원
심 판

사　　건　2022느단12345 상속재산포기
청 구 인　이XX (111212-3123456)
　　　　　주소 서울 XXX구 XXX길 12-34, 123동 123호 (XX동, XX아파트)
　　　　　청구인 1.의 특별대리인 이XX
피상속인　망 김XX (751212-2234567)
　　　　　2021. 11. 11. 사망
　　　　　최후주소 서울 XXX구 XXX길 12-34, 123동 123호 (XX동, XX아파트)

주 문

청구인 이재윤이 피상속인 망 김XX의 재산상속을 포기하는 2022. 3. 4.자 신고는
이를 수리한다.

이 유

이 사건 청구는 이유 있으므로 주문과 같이 심판한다.

2023. 1. 23.
사법보좌관　X　X　X　(인)

iv) 성년인 자녀들의 상속포기

부모가 모두 사망해서 자녀들만이 상속인이 되어 모두 상속포기를 신청하는 경우나 부모 중 한 분(예: 아버지)이 사망했는데 남은 한 분(예: 어머니)가 한정승인을 하고 자녀들이 모두 상속포기를 하는 경우는 제출할 서류와 신청인의 표시는 위의 경우를 그대로 적용하면 됩니다.

v) 상속인인 자녀와 미성년자인 손자의 상속포기

부모가 사망하여 상속인으로 직계비속만이 남게 된 경우에 1순위 상속인 중 최근친인 자녀들이 모두 상속을 포기하게 되면 그다음 근친인 손자와 손녀들이 상속인이 됩니다.

또는 자녀 중 일부가 상속을 포기하는데 다른 자녀들의 상속포기 여부가 불분명하나 피상속인의 채무가 자신의 상속포기와 다른 자녀들 전부의 상속포기로 본인의 자녀들에게 상속될 것을 염려하는 경우에는 해당 자녀가 본인의 자녀들과 함께 상속포기를 신청할 수 있습니다.

이때 첨부할 서류는 피상속인의 기본증명서, 가족관계증명서, 말소자초본, 상속인인 자녀의 가족관계증명서, 주민등록초본, 인감증명서(본인발급), 미성년자인 손자의 기본증명서, 가족관계증명서, 주민등록초본, 미성년자인 손자의 법정대리인인 부모의 가족관계증명서, 인감증명서(본인발급)입니다.

제출할 서류

1. 피상속인 : 기본증명서, 가족관계증명서, 말소자초본
2. 자녀인 상속인 : 가족관계증명서, 주민등록초본, 인감증명서(본인발급) 또는 본인 서명확인서 각 1부 및 인감도장
3. 손자인 상속인 : 가족관계증명서, 주민등록초본, 인감증명서(본인발급) 또는 본인 서명확인서 각 1부 및 인감도장
4. 미성년 손자인 상속인 : 기본증명서, 가족관계증명서, 주민등록초본, 미성년인 손자의 수만큼 부모의 가족관계증명서, 인감증명서(본인발급) 또는 본인서명확 인서 각 1부 및 인감도장

그런데 이 경우 상속포기를 신청할 본인의 자녀가 미성년자인 경우에는 미성년인 자녀들의 법정대리인인 본인과 본인의 배우자가 함께 미성년자를 대리해서 신청하게 되는데, 그 기재는 아래와 같이 하게 됩니다.

서식) 미성년자인 손자의 표시방법

상속재산포기심판청구

청 구 인(상속인)　　1. 김○○ (주민등록번호)
　　　　　　　　　　주 소 : 경기도 ○○시 ○○로○○번길 ○, 101동 103호
　　　　　　　　　　　　　(○동, 롯데아파트)
　　　　　　　　　　등록기준지 : 서울특별시 ○○구 ○동 ○번지의 ○

　　　　　　　　　　2. 김◆◆ (주민등록번호)
　　　　　　　　　　주 소 : 경기도 ○○시 ○○로○○번길 ○, 101동 103호
　　　　　　　　　　　　　(○동, 롯데아파트)
　　　　　　　　　　등록기준지 : 서울특별시 ○○구 ○동 ○번지의 ○
　　　　　　　　　청구인2.는 미성년자이므로 법정대리인 부 김○○, 모 박□□
　　　　　　　　　부 주민등록번호 : ○○○○○○-○○○○○○○
　　　　　　　　　모 주민등록번호 : ○○○○○○-○○○○○○○

피상속인(사망자)　　　　김◇◇ (주민등록번호)
　　　　　　　　　　　사망일자 : 2023년 10월 1일
　　　　　　　　　　　최후주소 : 인천광역시 ○○구 ○○로○○번길 ○, 105동
　　　　　　　　　　　　　310호 (○○동, ○○아파트)
　　　　　　　　　　　등록기준지 : 서울특별시 ○○구 ○동 ○번지의 ○

이와 같이 신청하면 심판문에서는 아래와 같이 기재됩니다.

심판문) 자녀와 미성년자인 손자의 상속포기 심판문

인 천 가 정 법 원

심   판

사   건   2023느단■■■ 상속포기

청 구 인   1. 김■■ (■■■■-1■■■■■)

2. 김■■ (■■■■-3■■■■■)

주소   ■■■■■■■■■■■■■■■■■■■■■■■■■■

청구인 2. 법정대리인(친권자부) 김■■   (친권자모) 신■■

피 상 속 인   망 김■■ (■■■■-1■■■■)

2023. ■. ■. 사망

최후주소   ■■■■■■■■■■■■■■■■■■■■■

등록기준지   서울특별시■■■■■■■■■■■■

주   문

청구인들이 피상속인 망 김■■의 재산상속을 포기하는 2023. ■■. ■■.자 신고는 이를

수리한다.

(2) 2순위 이후의 상속인

최우선순위 이후의 상속인은 최우선순위 상속인과 함께 상속포기를 신청할 수 있으나 최우선순위 상속인이 상속포기를 함으로써 자신의 상속인이 된 사실을 안 날로부터 3개월 안에 신청할 수도 있습니다.

따라서 최우선순위 상속인의 상속포기로 후순위 상속인이 상속인의 지위를 취득하게 된 경우에는 최우선순위의 상속포기로 인하여 자신의 상속인이 된 사실을 안 날로부터 3개월 안에 상속포기를 신청한 사실을 입증해야 할 책임이 있습니다. 이에 일반적으로 이러한 입증은 최우선순위 상속인이 상속포기한 사실을 증명할 수 있는 최우선순위 상속인의 상속포기 심판문 또는 법원으로부터 송달받은 피상속인 채권자의 소장 부본 등을 제출하게 됩니다.

> **후순위 상속인이 제출할 자료**
> 1. 피상속인의 기본증명서, 가족관계증명서, 말소자초본 각 1부.
> 2. 최우선순위 상속인의 가족관계증명서와 해당 상속인의 상속포기 심판문
> 3. 상속포기를 신청하는 상속인이 후순위 상속인인 사실을 증명할 수 있는 피상속인의 제적등본, 해당 상속인의 가족관계증명서, 주민등록초본, 인감증명서(본인 발급) 또는 본인서명사실확인서 각 1부 및 인감도장.
>   다만 상속포기하는 상속인이 미성년자인 경우에는 해당 미성년자인 상속인의 기본증명서, 가족관계증명서, 주민등록초본과 법정대리인인 부모의 가족관계증명서, 인감증명서 각 1통 및 인감도장.
> 4. 자신이 상속인의 지위를 취득한 사실을 안 날이 신청일 기준으로 3개월이 지나지 않은 사실을 증명할 수 있는 자료(예: 선순위 상속인의 상속포기 심판문, 법원으로부터 송달받은 피상속인의 채권자가 신청한 소장 부본 등)

(3) 시민권자와 수감자 등

ⅰ) 해외에 거주하는 시민권자

대한민국의 국적을 상실했다고 하더라도 상속인의 지위를 상실하는 것은 아니므로 시민권자인 상속인은 상속포기를 신청할 수 있습니다. 이때 2008년 이후에 대한민국 국적을 상실한 경우에는 시민권자의 가족관계증명서, 주민등록초본 등을 제출할 수 있으나, 2007년 이전에 국적을 상실한 경우에는 제적등본, 주민등록초본을 제출함으로써 상속인인 사실을 입증할 수 있습니다.

또한 시민권자인 상속인은 제적등본이나 가족관계등록부 상에 기재된 이름과 다를 수 있으므로 거주하는 곳의 변호사사무실을 방문해서 서명인증서, 위임장, 동일인증명서, 거주확인서, 서명인증서에 기재된 서명과 동일한 서명이 기재된 여권 사본을 제출하게 됩니다.

> **시민권자인 상속인이 첨부할 신분자료**
> 1. 피상속인의 기본증명서, 가족관계증명서, 말소자초본 각 1부.
> 2. 상속포기를 신청하는 상속인의 ○○○○증명서(다만 2008년 이전에 국적을 상속한 ○○○○○ ○○○인신청인의 국적상실 사실이 기재된 피상속인의 제적 등본, 동일인증명서, 거주확인서, 위임장, 서명인증서, 여권사본 각 1부.

ⅱ) 국내에 거주하는 시민권자

대한민국의 국적을 상실했으나 대한민국 영토에 거주하는 외국국적의 상속인은 구청으로부터 주소를 증명하는 거소사실증명서, 한국에 있는 재한외국공관의 공증이 된 서명인증서 또는 인감증명서, 재한외국공관의 공증이 있는 동일인증명서, 서명이 있는 여권사본을 제출할 수 있습니다.

iii) 해외에 거주하는 국민 (영주권자)

대한민국의 국적을 갖고 있는 상태에서 해외에 거주하는 재외국민의 경우는 한국공관을 방문해서 재외국민인 사실을 증명할 수 있는 재외국민등록부, 국내에 거주하는 사람에게 한정승인 또는 상속포기 신청을 위임한다는 취지의 위임장, 해당 위임장에 기재된 서명이 본인의 서명이 맞다는 사실을 증명할 수 있는 서명인증서를 공증 받아 제출해야 합니다.

다만 재외국민이 인감도장을 소지하고 있다면, 재외국민등록부, 국내에서 인감증명서를 발급받을 수 있도록 위임하는 인감도장이 날인된 인감증명발급에 관한 위임장, 국내에 거주하는 사람에게 상속포기 신청을 위임한다는 취지의 인감도장이 날인된 위임장을 제외공관에서 공증을 받아 제출할 수 있습니다.

iv) 수감자

교도소에 수감 중인 경우에는 직접 주민센터나 구청을 방문해서 인감증명서나 본인서명확인서를 발급받을 수 없습니다. 이 경우에는 결국 수감 중인 상속인이 다른 제3자에게 상속포기의 신청에 대한 권한을 위임해서 처리할 수밖에 없습니다. 이때 수감 중인 상속인이 작성한 위임장은 해당 상속인이 작성했다는 사실을 인정받을 수 있는 절차가 필요한데 이 절차가 수감 중인 교도소의 교도관이 확인해 주는 무인증명원입니다.

따라서 수감 중인 상속인이 상속포기를 신청하고자 한다면, 제3자에게 상속포기의 신청 및 심판문의 수령 그리고 이에 부수하는 일체의 권리를 위임한다는 내용을 기재하고 수감 중인 교도관이 확인한 위임장과 수감증명서를 별도로 발급받아야 합니다.

그리고 이렇게 발급받은 무인증명된 위임장과 수감증명서에 수감 중인 상속인의 가족관계증명서, 대리 발급받은 인감증명서, 주민등록초본 등을 첨부해서 상속포기를 신청할 수 있습니다.

서식) 수감 중인 상속인의 상속포기, 한정승인 위임장

위 임 장

위임자(본인) :　　　　김△ㅁ (주민등록번호 기재)
　　　　　　　　　　주소 : 주소기재

본 위임장은 아래와 같은 처분위임장입니다.

– 아 래 –

1. 2020. 11. 19. 사망한 망 김ㅁㅇ(주민등록번호)의 상속관련해서 가정법원에 상속포기심판청구 신청 및 상속포기결정문 수령 등 상속포기에 필요한 일체의 모든 권한을 위임하기 위함 용도(포괄위임).

2. 위 상속포기심판청구를 위한 신분서류 발급 등 필요한 일체의 권한 위임(포괄위임).

　　　　　　　　　　2023년 5월　　일

　　　　　　　　위임인 겸 상속인 김△ㅁ　　(우무인)

위 무인은 본인의 손도장임을 증명함.
　　　　　　　　○○교도소 교사　　　　　　(인)

마. 관할법원

상속포기와 한정승인 및 특별한정승인의 신고는 피상속인의 말소자초본상 최후주소지를 관할하는 가정법원입니다. 만일 가정법원이 없다면 일반민사법원이 관할이 됩니다.

예를 들어 서울, 수원, 인천, 대전 등 대도시는 가정법원이 있으므로 서울가정법원, 수원가정지방법원 성남지원 등이 관할법원이 되나, 춘천과 같이 가정법원이 없는 경우에는 춘천지방법원이 관할법원이 됩니다.

다만 피상속인의 최후주소지가 외국인 경우에는 대법원이 있는 곳의 가정법원(즉, 서울가정법원)이 관할합니다.

보다 간편한 방법으로는 대법원 홈페이지에 '사건검색'을 클릭한 후 생성된 화면 좌측에 있는 '전국법원, 등기소정보'를 클릭해서 피상속인의 최후주소지인 동이나 읍, 면을 입력한 후 '가사'를 클릭하면 관할법원을 확인할 수 있습니다.

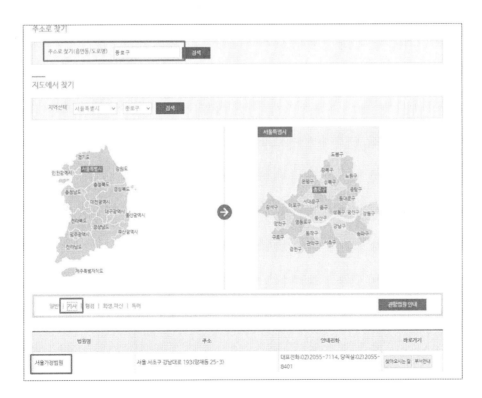

5. 한정승인의 신청

가. 신청자격

상속포기는 최우선순위 상속인이 아닌 차순위 상속인도 순위에 구분이 없이 신청할 수 있는 반면에 한정승인은 최우선순위 상속인만이 신청할 수 있습니다. 따라서 피상속인의 배우자와 자녀가 상속포기하지 않는 한 후순위인 부모 또는 형제가 한정승인을 신청할 수 없습니다. 부모는 선순위 상속인 피상속인의 배우자와 직계비속이, 형제는 피상속인의 배우자와 직계비속 및 부모가 모두 사망하거나 없는 경우에만 신청이 가능합니다.

다만 제출한 신분자료 및 신청기간은 상속포기와 동일하므로 이를 참고하시면 됩니다.

나. 순서

한정승인은 상속포기와 달리 재산목록을 제출해야 합니다. 이때 재산목록과 자료를 전부 수집해서 제출할 수 있고 일단 신청서를 접수한 후 재산목록과 자료를 준비해서 보완하여 제출하나 법원의 보정명령을 받아 이행하는 방법이 있습니다.

만일 재산목록까지 준비해서 제출하고자 한다면 「피상속인의 사망 ⇒ 상속인이 된 사실의 인식 ⇒ 피상속인에 대한 사망신고 및 안심상속원스톱서비스 신청 ⇒ 20일 지나서 상속인금융조회서비스 접속해서 피상속인의 금융내역 확인 ⇒ 적극재산과 소극재산에 대한 자료 수집 ⇒ 한정승인신청 ⇒ 법원의 한정승인 심판문 발송 ⇒ 한정승인신청인의 심판문 수령」의 순서에 따라 진행됩니다.

그러나 우선 신청서를 접수한 후 재산목록의 자료를 준비해서 제출하거나 법원의 보정명령에 따라 재산목록을 제출하게 된다면 「피상속인의 사망 ⇒ 상속인이 된 사실의 인식 ⇒ 피상속인에 대한 사망신고 및 안심상속원스톱서비스 신청 ⇒ 피상속인의 사망이 기록될 때까지 약 7일을 기다린 후 한정승인 신청을 위한 신분자료 발급 ⇒ 한정승인 신청 ⇒ 안심상속원스톱서비스 신청 후 20일 지나서 상속인금융조회서비스 접속해서 피상속인의 금융내역 확인 ⇒ 적극재산과 소극재산에 대한 자료 수집 ⇒ 상속재산목록 작성 및 소명자료 첨부하여 법원에 제출 (또는 법원의 보정명령 ⇒ 보정이행) ⇒ 법원의 심판문 발송 ⇒ 한정승인신청인의 심판문 수령」의 순서에 따릅니다.

다. 신청서의 작성 및 접수

먼저 한정승인신청서를 작성한 후 피상속인의 주민등록상 최후주소지를 관할하는 가정법원에 신청서를 접수합니다.

기재내용과 방법 및 관할은 상속포기와 동일하므로 상속포기의 당사자표시기재 방법과 접수를 참고하시기 바랍니다.

그러나 한정승인은 상속포기와 달리 상속인 지위를 포기하는 것이 아니라 상속재산의 범위 내에서 채무 변제를 전제로 하게 되므로 상속재산목록과 소명자료를 추가로 제출해야 합니다. 따라서 이 부분에 대한 내용이 상속포기와 다르므로 아래의 청구서 서식을 참고하시기 바랍니다.

상속한정승인심판청구

청 구 인(상속인)   김XX (640000 - 1000000)
　　　　　　　　등록기준지 : 경기도 XX시 XX구 XX로 160
　　　　　　　　주　　　소 : 경기도 XX시 XX구 XX로 501, 102동 2013호
　　　　　　　　　　　　　　(XX동,XX아파트

피상속인(사망자)   김XX (320000 - 1000000)
　　　　　　　　사망일자 :　2025년 1월 12일
　　　　　　　　등록기준지 : 경기도 XX시 XX구 XX로 160
　　　　　　　　주　　　소 : 경기도 XX시 XX구 XX로 501, 102동 2013호
　　　　　　　　　　　　　　(XX동,XX아파트

청 구 취 지

청구인이 피상속인 망 김XX의 재산상속을 함에 있어 별지 상속재산목록을 첨부하여
서 한 한정승인신고는 이를 수리한다.
라는 심판을 구합니다.

청 구 원 인

망 김XX(이하 '피상속인'이라고만 합니다)는 청구외 김XX 사이에서 청구인 김XX,
청구외 김XX, 청구외 김XX를 두었으나 2024. 1. 12. 사망하였습니다.　따라서
우리 민법 제1000조의 규정에 따라 피상속인의 상속인은 배우자인 청구외 김XX자,
직계비속인 청구인 김XX, 청구외 김XX, 청구외 김XX가 됩니다.

그런데 우리 민법 제1019조 제1항에서는 「상속인은 상속개시있음을 안 날로부터
3월내에 단순승인이나 한정승인 또는 포기를 할 수 있다.」라고 규정하고 있습니다.

또한 민법 제 1028조에서는 「상속인은 상속으로 인하여 취득할 재산의 한도에서 피상속인의 채무와 유증을 변제할 것을 조건으로 상속을 승인할 수 있다.」고 규정하고 있습니다.

이에 청구인 김XX은 망인이 사망한 2024. 1. 12.로부터 기산하여 3개월 이내에 상속으로 인하여 얻은 상속재산의 한도에서 망인의 채무를 변제할 것을 조건으로 한정승인하고자 이 심판청구에 이른 것입니다.

그러하오니 청구인 김XX의 이 사건 한정승인심판을 수리하여 주시기 바랍니다.

첨 부 서 류

1. 망 김XX(사건본인)의 기본증명서 등   각 1부.
1. 김XX의 가족관계증명서 등   각 1부.
1. 상속재산목록과 소명자료   각 1부.

2024.   3.   11.

위 청구인 김XX   (인감도장)

수원가정법원   귀중

상속한정승인심판청구

청 구 인(상속인)　　한XX (710000 - 2000000)
　　　　　　　　　　등록기준지 : 경기도 XX시 XX로1길 8
　　　　　　　　　　주　　　소 : 서울특별시 XX구 XXX북로10길 10, 502호 (XX
　　　　　　　　　　　　　　　　동,XX아파트)

피상속인(사망자)　　한XX (650000 - 1000000)
　　　　　　　　　　사망일자 : 2024년 1월 12일
　　　　　　　　　　등록기준지 : 경기도 XX시 XX읍 XX리 120번지
　　　　　　　　　　최후주소 : 경기도 XX시 XX구 XX로 21, 701동 104호 (XX
　　　　　　　　　　　　　　　동,XX주공아파트)

청 구 취 지

청구인이 피상속인 망 한XX의 재산상속을 함에 있어 별지 상속재산목록을 첨부하여
서 한 한정승인신고는 이를 수리한다.
라는 심판을 구합니다.

청 구 원 인

청구외 한XX는 청구외 신XX와 혼인하여 그 슬하에 청구외 한XX, 청구외 한XX,
이 사건의 피상속인이 되는 망 한XX(이하 '망인'이라고만 합니다), 청구인 한XX의
1남 3녀를 두었습니다. 그런데 청구외 신XX는 2004년에, 청구외 한XX는 2015년
에 각 사망하였고 망인은 배우자와 직계비속이 없이 2024. 1. 12.에 사망하였습니
다. 그리하여 망인의 상속절차가 진행되었는바, 망인의 배우자와 직계비속이 없고
직계존속은 상속개시 전에 사망하였으므로 망인의 상속인은 형제들인 청구외 한XX,
청구외 한XX, 청구인 한XX이 됩니다.

그런데 우리 민법 제1019조 제1항에서는 「상속인은 상속개시있음을 안 날로부터 3월내에 단순승인이나 한정승인 또는 포기를 할 수 있다.」라고 규정하고 있습니다. 또한 민법 제 1028조에서는 「상속인은 상속으로 인하여 취득할 재산의 한도에서 피상속인의 채무와 유증을 변제할 것을 조건으로 상속을 승인할 수 있다.」고 규정하고 있습니다.

이에 청구인은 망인이 사망한 2024. 1. 12.로부터 기산하여 3개월 이내에 상속으로 인하여 얻은 상속재산의 한도에서 망인의 채무를 변제할 것을 조건으로 한정승인하고자 이 심판청구에 이른 것입니다.

그러하오니 청구인의 이 사건 한정승인심판을 수리하여 주시기 바랍니다.

[※ 다만 망인에 대한 상속재산목록과 각 입증자료는 추후 보정하도록 하겠습니다.]

첨 부 서 류

1. 망 한XX(사건본인)의 기본증명서 등   각 1부.
1. 망 한XX의 제적등본 등   각 1부.
1. 한XX의 가족관계증명서 등   각 1부.
1. 소송위임장
1. 담당변호사지정서

2024.   3.   11.

위 청구인 한XX   (인감도장)

수원가정법원   귀중

라. 목록작성

(1) 작성방법

민법 제1028조에서는「상속인은 상속으로 인하여 취득할 재산의 한도에서 피상속인의 채무와 유증을 변제할 것을 조건으로 상속을 승인할 수 있다.」라고 규정하고 있습니다.

따라서 한정승인자는 상속으로 취득한 재산을 한도로 피상속인의 채무를 변제할 책임이 있습니다. 이를 청산의무라고 하고, 쉽게 말하면 빚잔치입니다. 그런데 이러한 청산을 위해서는 청산재산이 되는 상속재산(적극재산)과 채권자들이 갖는 상속채무(소극재산)를 재산목록에 구분해서 기재해야 하는데, 이때 기재한 재산목록이 청산재산과 상속채권자의 기준이 됩니다.

그런데 민법 제1026조에서는「다음 각호의 사유가 있는 경우에는 상속인이 단순승인을 한 것으로 본다.」라고 하면서 제3호에서는「상속인이 한정승인 또는 포기를 한 후에 상속재산을 은닉하거나 부정소비하거나 고의로 재산목록에 기입하지 아니한 때」라고 규정하고 있습니다.

따라서 상속재산을 은닉하거나 고의로 재산목록에 기입하지 않은 경우에는 비록 한정승인의 심판이 수리되었다고 하더라도 무효가 될 가능성이 있으므로, 상속재산목록은 알고 있는 한도 내에서 최대한 자세히 기재하는 것이 바람직합니다.

상 속 재 산 목 록

1. 적극재산

가. 부동산 : 없음 (지방세 세목별 과세증명서)

나. 임대보증금 : 23,018,000원 (○○은행 담보설정)
    1) 임대대상물 : 서울시 ○○구 ○○
    2) 계약일 : 2023. 1. 26.
    3) 임대인 : ○○○공사
    4) 임대기간 : 2023. 2. 1. ~ 2025. 1. 31.
    5) 월차임 : 100,000원

나. 자동차 : 없음 (지방세 세목별 과세증명서)

다. 금융재산 : 51,748원1)

금융기관	계좌번호	잔액	기준일	비고
① ○○은행	000-0000-00-000-000	30,715원	2023.02.11	
② ○○은행	000-000-000000	20,517원	2023.05.12	지급정지압류
	000-000-000000	516원		
계		51,748원		

라. 해지환급금 : 446,088원

보험사	상품명	증권번호	환급예정금	기준일
① ○○화해상보험	무배당보장보험	0000000000000	25,317원	2023.02.05
② ○○해상화재보험	무배당종합보험	L0000000000000	101,256원	2023.02.05
③ ○○손해보험	참좋은가족건강보험	000000000000	319,515원	2023.02.06
계			446,088원	

2. 소극재산

가. 국세 : 1,247,190원

세무서	세목	체납액	기준일
○○세무서	부가가치세	1,247,190원	2023.02.03

나. 건강, 연금보험 : 없음 (건강,연금보험료완납증명서)

다. 금융채무 : 28,425,138원

금융기관	구분	고유번호	채무액	기준일	비고
① ○○카드	카드특수채권	***-**-***-***	5,217,519원	2023.02.05	
② ○○은행	일반자금대출	000-00-00-000000	7,570,312원	2023.02.06	
③ ○○은행	일반자금대출		15,317,714원	2023.02.05	담보대출2)
계			28,105,545원		

라. 소송채무

1) 서울서부지방법원 2017가소000 구상금

  ○ 원고 : ○○○

  ○ 주문 : 1. 피고는 원고에게 15,003,000원과 이에 대하여 2012. 12. 30.부터 2015. 3. 5.까지는 연 15%, 그 다음날부터 다 갚는 날까지는 연 20%의 각 비율로 계산한 돈을 지급하라. 2. 소송비용은 피고가 부담한다.

2) 서울중앙지방법원 2017차전0000 양수금
    ○ 원고 : ○○대부 주식회사
    ○ 청구취지 : 1. 금 1,001,701원, 2. 위 1항의 금액 중 금520,000원에 대하여
      는 2018년 7월 13일부터 다 갚을 때까지 연 36.5%의 비율에 의한 지연손해
      금. 3. 독촉절차 비용 45,300원

마. 개인채무
  1) ○○○ (010-0000-0000) : 대여금 5,000,000원 (근거: 채권자 주장)
  2) ○○○ (010-0000-0000) : 대여금 3,000,000원 (차용증서 첨부)

바. 기타채무
  ① 망인의 사망으로 인해 발생되어진 상속인이 알 수 없는 망인 개인의 사채,
    대출, 카드 및 현 시점에서 연체로 인해 발생하는 각 대출, 카드, 사채 등
    이자 부분 일체
  ② 이하, 상속인이 알지 못하는 망인 개인소유의 국세, 지방세, 등 일체의 상속채무
    와 기간이 가산되어 발생하는 이자 일체.

3. 장례비 : 7,000,000원
 가. 장례식장 : 5,000,000원
 나. 제단꽃 : 1,000,000원
 다. 봉안함, 장의버스, 상복 등 : 1,000,000원

1) 각 압류는 채권자 ○○은행(소극재산: 서울서부지방법원 2019가소00000 구상금)
   의 ○○지방법원 2020타채000 채권압류 및 추심명령에 의함. 제3채무자: ○○은
   행, ○○은행, ○○은행
2) ○○은행의 일반자금대출 15,00,000원은 본 건 적극재산 중 '나. 임대보증금 23,01
   8,000원'을 담보로 하는 담보대출입니다.

(2) 상속재산목록과 소명자료의 제출

한정승인을 신청할 당시 상속재산목록을 제출하지 않았으나 법원의 보정명령이 있기 전에 상속재산에 대한 자료가 모두 수집되면 상속재산목록을 작성하여 추가로 제출할 수 있습니다. 이렇게 되면 법원의 보정명령을 기다리지 않아도 되므로 심판문을 받을 수 있는 기간이 단축되는 이점이 있습니다.

이때 보정명령을 받기 전 상속재산목록과 소명자료를 제출할 경우에는 아래와 같은 서식을 작성한 후에 상속재산목록과 소명자료를 함께 제출하면 됩니다.

서식) 참고자료 : 상속재산목록과 소명자료 첨부

참 고 자 료

사 건   2023느단XXXX   상속한정승인심판청구
청 구 인   김XX
사건본인   망 오XX

위 사건에 대하여 청구인은 상속재산목록 및 소명자료를 참고자료로 제출합니다.

1. 상속재산목록 및 소명자료

2023.   10.   20.

위 청구인 김XX   (인)

수원가정법원 사법보좌관(X비송)   귀중

---

(3) 보정명령으로 상속재산목록을 제출하는 경우

(가) 법원의 보정명령

법원에서 신청된 한정승인을 심사하게 되었는데 신분자료 등에는 하자가 없으나 상속재산목록과 소명자료가 없는 경우에는 누락된 자료를 제출하라는 보정명령을 하는데 일반적으로는 14일에서 30일까지의 기간 안에 제출할 것을 통지하게 됩니다.

이때 정해진 기간 안에 보정을 이행하지 않을 경우에는 신청한 한정승인이 각하될 것을 통지하므로 가능한 해당 기간 안에 이행해야 합니다.

서식) 보정명령

춘천지방법원 강릉지원
보 정 명 령

사   건   2023느단XXXX   상속한정승인심판청구
[청구인 : 김XX / 사건본인 : 오XX]

이 명령을 받은 날로부터 14일 안에 다음 사항을 보정하시기 바랍니다.

다   음

상속재산목록과 그 소명자료를 제출하시기 바랍니다.

2023. 11. 25.

법원주사보 이XX   (인)

(나) 보정서

법원으로부터 보정명령을 받게 되면 정해진 기간 안에 한정승인을 위한 피상속인의 재산과 채무에 대한 소명자료를 발급받아 목록을 작성한 후 해당 목록과 소명자료를 첨부한 보정서를 제출하게 됩니다.

서식) 보정서

보 정 서

사　　　건　　　2023느단XXXX　　상속한정승인심판청구
청 구 인　　　김XX
사건본인　　　망 오XX

　위 사건에 대하여 청구인은 다음과 같이 보정서를 제출합니다.

다 음

1. 보정할 사항
상속재산목록과 그 소명자료를 제출하시기 바랍니다.

2. 보정내용
상속재산목록과 그 소명자료를 첨부로 제출하여 보정합니다.

2023.　　12.　　10.

위 청구인 김XX　　　(인)

춘천지방법원 강릉지원 가사비송X단독　　귀중

(다) 보정서 제출 기일의 연기신청

법원으로부터 보정명령을 받게 되었으나 지정된 기일 내에 보정명령을 이행하지 못할 경우에는 법원에 사정을 설명하고 보정기일을 연기해 줄 것을 요청할 수 있습니다. 일반적으로 이러한 보정기일연기신청이 제출되면 대부분 허가를 하나 만일 연기신청을 하지 않고 기간이 지나면 각하될 수 있으므로 보정기일 안에 보정을 이행하지 못할 경우에는 보정기일연기신청을 해야 할 것입니다. 서식은 상속포기의 보정기일연기신청을 참고하시기 바랍니다.

마. 소명자료

(1) 상속재산과 고유재산

(가) 구분의 필요성

상속재산은 상속개시 당시 피상속인 명의의 부동산, 차량, 예금, 제3자에 대한 대여금 채권 등 일신전속하지 않는 재산권을 포함합니다.

따라서 피상속인의 사망 당시에 피상속인 명의로 남아 있는 부동산, 피상속인의 선대로부터 상속되었으나 등기를 마치지 않은 부동산이나 콘도회원권 등에 대한 상속분, 예금, 저작권 등은 모두 피상속인의 상속재산이 됩니다. 다만 무형문화재, 운전면허증, 의사면허증 등 해당 인물이 사망하면 소멸하는 권리는 상속재산에서 배제됩니다.

반면에 고유재산은 상속인의 재산으로써 취득 과정은 묻지 않으므로 피상속인이 생전에 상속인에게 증여한 재산도 해당 상속인의 고유재산이 됩니다.

따라서 상속재산은 한정승인 심판이 수리된 상속인이 청산을 하게 되는 책임재산이 되지만, 고유재산은 상속인의 재산이므로 청산의 대상에서도 배제되므로, 한정승인의 청산을 위하여 상속재산과 고유재산을 구분할 필요성이 있습니다.

(나) 부동산, 차량, 예금 등

피상속인의 사망 당시에 피상속인 명의로 남아 있는 부동산, 차량, 이륜자동차, 선박, 특허권, 저작권, 비상장주식, 임대차보증금, 유체동산(예: 금, 시계, 시설, 공작기계 등), 각종 환급되는 공과금과 세금 등은 특별한 사정이 없는 한 모두 상속재산이 됩니다.

(다) 사망보험금

보험계약자가 피보험자의 상속인을 보험수익자로 하여 맺은 생명보험계약에 있어서 피보험자의 상속인은 피보험자의 사망이라는 보험사고가 발생한 때에는 보험수익자의 지위에서 보험자에 대하여 보험금 지급을 청구할 수 있고, 이 권리는 보험계약의 효력으로 당연히 생기는 것으로서 상속재산이 아니라 상속인의 고유재산입니다.

또한 보험수익자의 지정에 관한 상법 제733조는 상법 제739조에 의하여 상해보험에도 준용되므로, 결국 상해의 결과로 사망한 때에 사망보험금이 지급되는 상해보험에 있어서 보험수익자가 지정되어 있지 않아 위 법률규정에 의하여 피보험자의 상속인이 보험수익자가 되는 경우에도 보험수익자인 상속인의 보험금청구권은 상속재산이 아니라 상속인의 고유재산입니다(대법원 2004. 7. 9. 선고 2003다29463 판결).

따라서 보험수익자를 상속인으로 하거나 수익자가 지정되지 않은 사망보험금은 고유재산이므로 상속포기나 한정승인과 무관하게 상속인이 취득할 수 있습니다.

다만 예외적으로 생명보험에 있어서 보험계약자가 피보험자 중의 1인인 자신을 보험수익자로 지정한 경우 그 지정은 유효하고, 따라서 보험수익자가 사망하면 그 보험금은 상속재산이 됩니다(대법원 2002. 2. 8. 선고 2000다64502 판결, 대법원 2000. 10. 6. 선고 2000다38848 판결)[5].

보험계약자	피보험자	보험수익자	구분	참조판례
피상속인	피상속인	특정상속인	고유재산	대법 2001다65755
피상속인	피상속인	상속인	고유재산	대법 2000다31502
제3자	피상속인	상속인	고유재산	대법 2003다29463
제3자	피상속인	미지정	고유재산	대법 2003다29463
피상속인	제3자	피상속인	고유재산	대법 2005두5529
피상속인	피상속인	피상속인	상속재산	대법 2000다64502[6]

따라서 "피상속인 = 계약자 = 피보험자 = 수익자"는 상속재산이고 나머지는 고유재산이므로 상속인들은 한정승인이나 상속포기와 무관하게 취득할 수 있습니다.

다만 피상속인이 납부한 보험료를 담보로 대출을 받은 후에 사망함으로써 사망보험금이 지급되는 경우에 보험사가 지급할 사망보험금과 대출금을 상계하는 경우가 있습니다. 또는 보험사고가 피상속인의 책임이 되어 해당 보험사가 피해자에게 보험금을 지급함으로써 피상속인에게 구상권이 발생하면 보험사는 구상권과 사망보험금을 상계하려고 하는 경우가 있습니다.

그런데 한정승인을 하게 되면 상속인은 피상속인의 채무에 관하여 상속받은 재산의 범위 내에서 변제할 책임을 부담하는 대신에 사망보험금은 상속인들이 보험사에 대한 보험금지급청구권에 의하여 취득하게 되는 상속인의 권리입니다. 따라서 피상속인의

---

5) 김상훈, 상속법판례연구 세창출판사(2020), 104면, 105면
6) 대법원 2002. 2. 8. 선고 2000다64502 판결【대여금】
   상법 제733조 제3항에 따라 보험수익자가 보험존속 중에 사망한 때에는 보험계약자는 다시 보험수익자를 지정할 수 있으며, 보험계약자가 그 지정권을 행사하지 아니하고 사망한 때에는 보험수익자의 상속인이 보험수익자가 됨이 원칙이나, 생명보험에 있어서 보험계약자가 피보험자 중의 1인인 자신을 보험수익자로 지정한 경우라도 그 지정은 유효하고, 따라서 보험수익자가 사망하면 그 보험금은 상속재산이 된다

보험사에 대한 채무는 피상속인의 채무인 반면에, 상속인들의 보험금지급청구권은 상속채권이 아닌 상속인들의 고유채권입니다. 그러므로 보험사가 피상속인의 채무를 이유로 상속인들의 고유재산인 사망보험금을 상계할 수 없다고 할 것입니다.

> **대법원 2022. 10. 27. 선고 2022다254154, 254161 판결**
> 상속채권자가 피상속인에 대하여는 채권을 보유하면서 상속인에 대하여는 채무를 부담하는 경우, 상속이 개시되면 위 채권 및 채무가 모두 상속인에게 귀속되어 상계적상이 생기지만, 상속인이 한정승인을 하면 상속이 개시된 때부터 민법 제1031조에 따라 피상속인의 상속재산과 상속인의 고유재산이 분리되는 결과가 발생하므로, 상속채권자의 피상속인에 대한 채권과 상속인에 대한 채무 사이의 상계는 제3자의 상계에 해당하여 허용될 수 없다. 즉, 상속채권자가 상속이 개시된 후 한정승인 이전에 피상속인에 대한 채권을 자동채권으로 하여 상속인에 대한 채무에 대하여 상계하였더라도, 그 이후 상속인이 한정승인을 하는 경우에는 민법 제1031조의 취지에 따라 상계가 소급하여 효력을 상실하고, 상계의 자동채권인 상속채권자의 피상속인에 대한 채권과 수동채권인 상속인에 대한 채무는 모두 부활한다.

(라) 보험의 해지환급금

피상속인이 자신을 보험계약자로 하여 가입한 보험이 생전에 해지되었거나 사망으로 인하여 해지된 경우에는 해약환급금이 발생합니다. 그리고 해약환급금의 취득자는 보험계약자인 피상속인입니다[7]. 따라서 보험계약자를 피상속인으로 하는 보험계약의 해약환급금은 상속재산입니다.

---

7) 대법원 2009. 6. 23. 선고 2007다26165 판결
보험계약에 관한 해약환급금채권은 보험계약자가 해지권을 행사할 것을 조건으로 효력이 발생하는 조건부 권리이기는 하지만 금전 지급을 목적으로 하는 재산적 권리로서 민사집행법 등 법령에서 정한 압류금지재산이 아니어서 압류 및 추심명령의 대상이 되며, 그 채권을 청구하기 위해서는 보험계약의 해지가 필수적이어서 추심명령을 얻은 채권자가 해지권을 행사하는 것은 그 채권을 추심하기 위한 목적 범위 내의 행위로서 허용된다고 봄이 상당하다. 그러므로 당해 보험계약자인 채무자의 해지권 행사가 금지되거나 제한되어 있는 경우 등과 같은 특별한 사정이 없는 한, 그 채권에 대하여 추심명령을 얻은 채권자는 채무자의 보험계약 해지권을 자기의 이름으로 행사하여 그 채권의 지급을 청구할 수 있다.

(마) 실손보험금

실손보험금은 환자가 병원비 등을 미리 지급하고 후에 보험사로부터 환급을 받는 구조를 띠고 있습니다.

따라서 피상속인의 자금으로 병원비 등을 지급했다면 환급되는 보험금의 수령자는 피상속인이므로 이를 상속재산에 포함해야 합니다.

그러나 그렇지 않고 제삼자가 지급했다면 환급되는 보험금은 상속재산이 아니라 비용을 부담한 제삼자에게 지급되는 것이므로, 이를 상속재산에 포함하지 않아도 됩니다.

(바) (사망)퇴직금

근로기준법 제18조의 규정에 의하면 '본법에서 임금이라 함은 사용자가 근로의 대상으로 근로자에게 임금, 봉급, 기타 여하한 명칭으로든지 지급하는 일체의 금품을 말한다'라고 되어 있으므로, 일반적으로 근로계약에 있어 노동조건으로 퇴직금에 관한 사항이 포함됨을 원칙으로 할 뿐 아니라 퇴직금은 근로계약이 얼마간 계속되다가 그 근로계약이 종료될 때에 근로자에게 지급되는 후불적 임금의 성질을 띤 것으로 근로기준법 제18조에서 말하는 임금에 해당합니다. 따라서 일반적으로 퇴직금은 상속재산입니다(대법원 1969. 3. 18. 선고 68다2408 판결). 또한 공무원연금법상의 퇴직수당도 퇴직금의 일종이므로 상속재산이 됩니다.

반면에 사망퇴직금에 관하여 하급심은 「사망퇴직금은 사망자의 유족들의 생활보장을 위하여 지급되는 미지급임금의 성질을 가지고 있다. 사망퇴직금에 대하여는 법률, 회사의 내규, 취업규칙 등에 그 수령자의 범위나 순위, 지급내용 등을 자세히 규정하고 있고, 그것이 민법의 규정과 다른 경우도 많다(근로기준법 시행령 제48조 등). 이런 것은 상속재산이 아니고, 수급권자의 고유재산이 된다(의정부지방법원 고양지원 2018.9.21. 선고 2018가합70922 판결).」라고 판단하고 있습니다.

그리고 최근 서울중앙지방법원 2017가단5007302 사건의 최종심인 대법원에서도 「단체협약에서 근로자의 사망으로 지급되는 퇴직금(이하 '사망퇴직금'이라 한다)을 근로기준법이 정한 유족보상의 범위와 순위에 따라 유족에게 지급하기로 정하였다면, 개별 근로자가 사용자에게 이와 다른 내용의 의사를 표시하지 않는 한 수령권자인 유족은 상속인으로서가 아니라 위 규정에 따라 직접 사망퇴직금을 취득하는 것이므로, 이러한 경우의 사망퇴직금은 상속재산이 아니라 수령권자인 유족의 고유재산이라고 보아야 한다(대법원 2023. 11. 16. 선고 2018다283049 판결).」라고 판단하였습니다.

따라서 단지 퇴직금이라고 해서 상속재산이나 고유재산으로 판단할 것이 아니라, 단체협약에 따라 수급권자가 유족으로 지정된 경우라면 해당 사망퇴직금은 상속인의 고유재산으로 볼 수 있습니다.

그러므로 지급되는 퇴직금의 성격에 따라 개별적으로 판단되어야 하나 일반적 퇴직금은 상속재산으로, 단체협약으로 수급권자가 유족으로 지정된 사망퇴직금은 고유재산으로 보면 무리가 없을 것으로 보입니다.

(사) 각종 연금

공무원연금법[8], 군인연금법, 사립학교교직원 연금법, 국민연금법[9] 등에 의한 각종

---

8) 서울고등법원 2012. 10. 24. 선고 2012나3168,3175 판결

공무원연금법상 유족급여는 같은 법 제1조에 명시된 바와 같이 공무원의 사망에 대하여 적절한 급여를 실시함으로써 공무원에 대한 사회보장제도를 확립하고 유족의 경제적 생활안정과 복리향상에 기여함을 목적으로 하여 지급되는 것이므로, 유족급여를 지급하는 제도와 공무원의 사망으로 공무원의 상속인이 재산을 상속하는 제도는 헌법적 기초나 제도적 취지를 달리한다. 그리고 공무원연금법 제3조 제1항 제2호, 제28조, 제29조, 제30조, 제42조 제3호, 제4호, 제56조, 제57조, 제60조, 제61조의2의 규정은 공무원 또는 공무원이었던 자의 사망 당시 그에 의하여 부양되고 있던 유족의 생활보장과 복리향상을 목적으로 하여 민법과는 다른 입장에서 수급권자를 정한 것으로, 수급권자인 유족은 상속인으로서가 아니라 이들 규정에 의하여 직접 자기 고유의 권리로서 취득하는 것이므로 각 급여의 수급권은 상속재산에 속하지 아니한다.

연금은 고유재산입니다[10].

다만 장애연금은 피상속인이 생존하던 중 수령 했을 연금을 피상속인의 사망 후에 유족이 받게 되는 미지급급여의 성격이므로 상속재산에 해당합니다.

그리고 퇴직연금에 관하여 울산지방법원 2018. 3. 29. 선고 2017가단16791 판결에서는「법률상 압류가 금지되는 재산 중에서도 위와 같이 근로자의 퇴직금 등의 1/2에 해당하는 금액과 근로자의 퇴직연금은 근로자 본인뿐만 아니라 그 부양가족의 안정적인 생활을 보장하기 위하여 사회보장적인 차원에서 압류가 금지되는 재산으로서 근로자가 사망하여 상속인이 된 사람이 사망한 근로자의 부양가족이 아니었던 경우는 별론으로 하고 상속인이 된 사람이 근로자의 부양가족이었던 경우에는 위와 같은 입법 취지가 여전히 관철될 필요가 있고(오히려 근로자가 단순히 퇴직한 경우보다 사망한 경우 그 부양가족에 대한 안정적인 생활보장의 필요성이 훨씬 더 커지므로 위와 같은 입법 취지의 관철 필요성 역시 훨씬 더 커진다고 볼 수 있다), 그에 따라 이러한 경우 근로자의 퇴직금 등의 1/2에 해당하는 금액과 근로자의 퇴직연금은 상속채권자를 위한 책임재산에서 제외되고, 이와 같이 상속채권자를 위한 책임재산에서 제외되는 상속재산은 민법 제1026조 제1호에서 말하는 '상속재산'에는 해당하지 않는다고 해석함이 타당한데, 피고들의 나이, 신분(두 사람 모두 학생인 것으로 보인다) 등을 감안할 때, 피고들은

---

9) 대법원 2014. 11. 27. 선고 2011다57401 판결
   구 국민연금법 제72조 내지 제76조의 규정은 유족연금에 관하여 노령연금 수급권자 등이 사망할 당시 그에 의하여 부양되고 있던 유족의 생활보장과 복지향상을 목적으로 하여 민법의 상속제도와는 다른 입장에서 수급권자를 정한 것이므로, 유족연금의 수급권자는 상속인으로서가 아니라 이들 규정에 의하여 직접 자기의 고유의 권리로서 유족연금을 받을 권리를 취득하는 것이고, 그 유족연금의 수급권은 타인의 불법행위로 사망한 노령연금 수급권자 등의 상속재산에 포함되지 아니한다.
10) 같은 취지로 서울지방변호사회 40집(2010. 01.)에서 박동섭 변호사는 '2. 각종 연금;'에서 "공원연금법, 군인연금법, 국민연금법 등에 각종 연금을 규정하고 있는바, 이는 퇴직자나 유족의 생활보장을 위한 사회보장적 급여의 성질을 가진다. 이러한 연금도 상속재산은 아니다."라고 기재하고 있다.

망인의 부양가족에 해당한다고 봄이 타당하다.」라고 판단함으로써, 근로자퇴직급여

보장법 제7조 제1항의 취지상 압류가 금지(대법원 2014. 1. 23. 선고 2013다71180

판결 참조[11])되는 망인의 퇴직연금을 책임재산(대법원 2005. 1. 28. 선고 2004다589

63 판결, 대법원 2006. 6. 29. 선고 2005다73105 판결 참조)인 적극재산에서 배제하

였습니다.

(아) 위로금

피상속인(교직원)의 사망으로 인한 교육위원회의 사망위로금, 상조회 사망위로금, 일

반퇴직위로금, 근무학교에서의 조위금, 대한교원공제회의 퇴직급여금 등 그 유족에게

지급되는 위로금은 상속재산이 아닌 고유재산입니다(서울고등법원 1991. 1. 11. 선고

90르1595 제1특별부판결)

또한 이외에도 어떤 사고로 인하여 피상속인의 사망하자 유족들이 가해자와 민·형사

상 더 이상 책임을 묻지 않겠다는 조건으로 합의금을 지급받는 경우에 이를 형사합의금

이 아닌 위로금으로 볼 수 있다면 고유재산으로 볼 수 있습니다.

대법원 2011.11.24. 선고 2011다64331 판결 부당이득금

망 소외인(이하 '망인'이라 한다)은 2009. 11. 27. 제주대학교병원에서 복막염 패혈

증으로 사망하였고, 이에 망인의 상속인들인 피고(선정당사자)와 선정자들(이하 편

의상 '피고들'이라 한다)이 의료과실 등을 이유로 이의를 제기하자 제주대학교병원은

2009. 12. 11. 피고들이 민·형사상 이의를 제기하지 않는 조건으로 위로금 명목의

5,000만 원을 선정자 2에게 지급한 사실을 인정한 다음, 위로금 액수와 지급 조건

등에 비추어 보면 그 위로금은 망인의 사망으로 인하여 피고들이 입은 정신적 고통에

대한 보상차원에서 지급된 금원으로 볼 여지가 크고 달리 위로금이 상속재산임을 인정

할 증거가 없다는 이유로, 피고들이 망인의 사망에 따른 손해배상금을 지급받은 것은

상속재산에 대한 처분행위에 해당하여 피고들은 민법 제1026조 제1호에 따라 단순

---

11) 대법원 2014. 1. 23. 선고 2013다71180 판결

　　퇴직급여법상의 퇴직연금채권은 그 전액에 관하여 압류가 금지된다고 보아야 한다.

승인한 것으로 간주된다는 원고의 주장을 배척하였다.

관련 법리 및 기록에 비추어 살펴보면 원심의 위와 같은 사실인정과 판단은 정당한 것으로 수긍할 수 있고, 거기에 상고이유에서 주장하는 바와 같이 논리와 경험의 법칙을 위반하고 자유심증주의의 한계를 벗어나 사실을 잘못 인정하는 등의 위법이 없다.

그리고 위와 같이 위로금을 상속재산으로 볼 수 없는 이상 이를 재산목록에 기입하지 아니하였다고 하여 민법 제1026조 제3호에 따라 단순승인한 것으로 볼 수 없으므로 원심판결에 상고이유에서 주장하는 바와 같이 민법 제1026조에 관한 법리를 오해한 위법이 있다고 할 수도 없다.

(자) 형사합의금

수원지방법원 2009. 9. 24. 선고 2008나19666 판결에서는 「소외 2가 피고 1로부터 형사 고소를 당한 이후에 피고 1에게 위 1,000만 원을 지급한 점에 비추어 볼 때, 위 1,000만 원은 소외 2가 형사 사건의 합의금 명목으로 지급한 것으로서 망 소외 1의 상속재산에 해당하지 않는다고 볼 여지도 있다.」라고 판단하고 있습니다.

그러나 필자의 사견으로는 합의금도 두 가지로 구분해서 피상속인의 손해에 대한 보상금의 성격에 해당한다면 이를 상속재산으로 보아야 하고, 유족들에 대한 위로금이 성격이라면 고유재산으로 보아야 할 것입니다. 그런데 실무에서는 형사합의금이 피상속인의 대한 손해배상과 유족들에 대한 위로금으로 구분해서 지급되지 않고 한 번에 지급되는 것이 일반적이므로 이를 명확하게 구분하기는 어렵습니다.

따라서 형사합의금을 지급받게 된다면 명목을 위로금으로 받는 것이 불필요한 논쟁을 피하는 하나의 방법이라고 볼 수 있습니다.

(2) 조사방법

피상속인의 재산은 부동산, 차량, 금융재산, 기타 재산으로 구분할 수 있습니다. 이 경우 일반적으로 피상속인에 대한 사망신고를 하면서 안심상속원스톱서비스를 신청하면 신청일로부터 7일부터 20일 사이에 피상속인의 재산과 채무내역이 문자로 오게 됩니다.

그런데 이와 같은 문자를 제출할 수 없으므로 안심상속원스톱서비스를 신청한 후 20일이 지나 금융감독원 홈페이지(https://www.fss.or.kr/)를 접속해서 상속인조회를 통해서 피상속인의 금융재산과 채무내역에 대한 내역을 출력함으로써 보다 쉽게 확인이 가능합니다.

또는 피상속인이 사망한 날이 속한 다음 달까지 정부24(https://www.gov.kr/portal/main/nologin)에 접속해서 '사망자 및 피후견인 등 재산조회 통합처리 신청(안심상속)'에서 신고를 하면 금융내역 · 토지 · 자동차 · 세금 · 연금가입유무 등을 한 번에 확인할 수 있고 출력도 가능합니다. 다만 이 경우 공공기관에서 발급하는 세금, 차량, 부동산 등의 소유내역과 연체내역을 알 수 있으나 금융기관에 대한 예금과 채무는 직접 해당 금융기관을 방문하거나 팩스로 발급을 받아야 합니다.

사례로 금융감독원의 홈페이지에 접속해서 피상속인의 재산을 조회하는 방법을 포함해서각종 증빙자료를 보면 아래와 같습니다.

금융감독원 | 상속인금융거래조회서비스   금융은 튼튼하게 소비자는 행복하게

■■■(접수번호 : ■■■■■■■■■)님의 상속연 금융거래 조회 결과입니다.

※ 조회 결과는 신청하신 기관(접수증 참조)만 확인할 수 있습니다.
　국세청, 국민연금공단, 공무원연금, 사학연금, 군인연금, 건설근로자퇴직공제, 한국교직원공제회, 근로복지공단,소상공인시장
　진흥공단,
　국민건강보험공단과 관련된 사항은 해당 기관의 **홈페이지*, 이메일, 알림톡 또는 문자메세지** 등을 통하여 확인 가능합니다.

　* 국세청 : http://www.hometax.go.kr, 국민연금공단 : https://www.nps.or.kr, 건설근로자퇴직공제 : http://www.cwma.or.kr
　한국교직원공제회 : http://www.ktcu.or.kr/SP/SP-P010M01.do, 근로복지공단 http://pension.kcomwel.or.kr
　소상공인시장진흥공단 : https://ols.sbiz.or.kr, 국민건강보험공단 : http://www.nhis.or.kr

| 은행연합회 | 생명보험협회 | 손해보험협회 | 금융투자협회 | 여신금융협회 | 우정사업본부 | 저축은행중앙회 |
| 새마을금고중앙회 | 산림조합중앙회 | 신협중앙회 | 한국예탁결제원 | 대부금융협회 | 예금보험공사 | 신용정보원 |

은행연합회(문의 : 02-3705-5000)

은 행	금융거래종류	일람종류	금액(단위 : 원)	상 동 일	은행대표번호
국 민	예 금	■■	17	0000-00-00	1588-9999
수 협	예 금	■■수협 ■■지점	705,108	0000-00-00	1588-1515
지역농축협	예 금	■■축산	33	0000-00-00	1588-2100
지역농축협	대 출	■■농협	19,710,355	2020-07-15	1588-2100

총 4건

- 이하 생략 -

(3) 적극재산

(가) 부동산

가까운 구청 또는 시청을 방문해서 피상속인 명의의 10년간 '지방세 세목별 과세증명서'를 발급받으면 됩니다.

또는 국토교통부에서 운영하는 K-Geo플랫폼(https://kgeop.go.kr/)에 접속해서 조상땅찾기를 검색한 후 그 결과를 첨부해도 됩니다. 조회순서는 아래와 같습니다. 다만 2008년 이전의 사망자는 전산으로 확인되지 않으므로 직접 구청을 방문해야 합니다.

ⅰ) 접속

ii) 컴퓨터에 피상속인의 기본증명서와 가족관계증명서 파일이 경우에는 아래와 같이
클릭해서 피상속인의 기본증명서 등을 발급받을 수 있는 사이트에 접속해야 합니다.

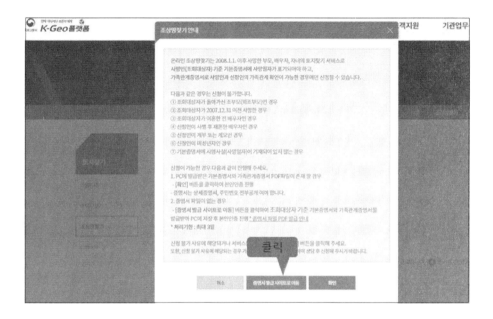

위와 같이 클릭하시면 '전자가족관계등록시스템'으로 접속되어 아래와 같이 화면을
볼 수 있습니다. 이후는 안내에 따라 하시면 됩니다.

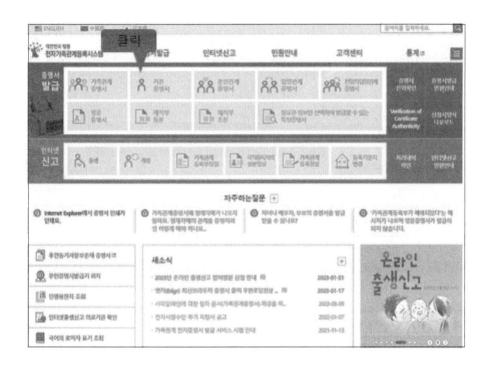

iii) 피상속인의 기본증명서와 가족관계증명서를 발급받았다면, 아래와 같이 접속한 후 공동인증서 등을 이용하여 신청을 하면 됩니다.

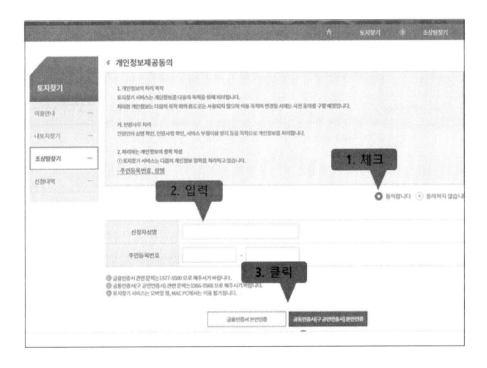

iv) 공동인증서 등으로 본인확인 절차를 마치게 되면 아래와 같이 본인과 조회할 조상의 이름과 주민등록번호를 기재하게 되고 해당 조상의 기본증명서와 가족관계증명서를 파일로 첨부해서 제출하게 됩니다.

ⅴ) 이후 기다리시면 휴대폰으로 처리가 되었다는 문자가 옵니다. 그 후 앞에서 설명한 것처럼 순서에 따라 조상땅찾기 사이트에 접속해서 '신청내역'을 클릭한 후 본인인증을 거치면 됩니다.

vi) 이와 같이 본인인증이 끝나면 아래와 같이 신청 결과를 보실 수 있습니다.

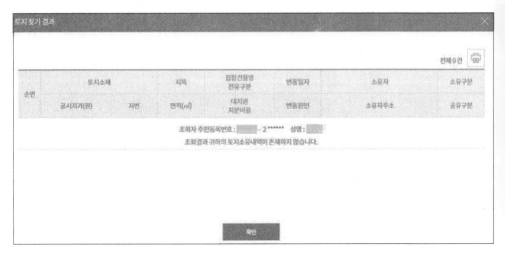

만일 조회 결과 부동산이 확인되면 해당 부동산의 등기부등본을 발급받아 이를 첨부하면 됩니다. 부동산등기부등본은 가까운 등기소를 방문해서 발급받을 수 있지만, 대법원 인터넷등기소(http://www.iros.go.kr/PMainJ.jsp)를 이용해서도 발급을 받을 수 있습니다.

(나) 차량
차량과 부동산의 소유 여부는 가까운 구청이나 시청을 방문해서 발급을 받을 수 있는 '지방세세목별납세증명'을 통해서 확인할 수 있습니다. 차량이 확인되는 경우에는 자동차등록원부를 첨부하면 됩니다.

자동차등록원부(갑)

제 002074 호   총 8면중제 1면

자동차등록번호	███████	제원관리번호	███████	말소등록일	███████
차 명	SM5 LPLi			차 종	승용 중형
차 대 번 호	███████	원동기형식	████	용 도	자가용
연식(모델연도)	2006	색 상		출처 구분	신조차
최초 등록일	2006-███	세 부 유 형 (사업용 자동차에 해당합니다)		제작연월일	███
				최초 양도연월일	
최종 소유자	████			주민(법인)등록번호	
사용 본거지 (소 유 자)	███████				
검사유효기간	████	주행거리 : ███		등록사항 확인일	
				폐 제 일	

순위번호 주등록 / 부기등록	사 항 란	주민(법인)등록번호	등록일	접수번호
1-1	신규등록(신조차) 성명(상호) : 주소 :		2006-05-19	
(1-2)	압류등록(압류) 촉탁기관 : 압류관리번호 : 압류내역 : 촉탁일자 :		2006-07-31	

(다) 예금

각 금융재산과 채무가 확인되면, 해당 금융기관을 방문해서 예금에 대한 잔액증명서를 발급받아 피상속인의 적극재산을 확인할 수 있습니다. 다만 잔액이 없는 경우에는 잔액증명을 받을 필요가 없으나, 잔액이 있는 경우 잔액증명서를 발급받을 당시 해당 계좌에 대한 압류, 가압류 등이 되어 있다면 해당 금융기관에 압류 또는 가압류 결정문의 발급을 요청하고 여의치 않을 경우 압류와 가압류가 결정된 관할법원과 사건번호를 문의하여 이를 별도의 용지에 기록해 두어야 합니다. 또한 채무가 있는 경우에는 부채증명서를 발급받아야 합니다.

일부 상속인분들은 직접 금융기간을 방문하지 않고 위와 같은 조회 내역만을 제출하는 경우가 있으나 위와 같은 출력물은 상속재산목록을 작성한 후 소명자료에 첨부해야

하나 그것만으로 부족하고 각 금융기관의 잔액증명과 부채증명을 별도로 발급받아야 합니다.

예금 종류	계 좌 번 호	잔 액(원)	미결제타점권(원)	관련대출·질권(천원)
		압류관련사항	최근질권해제이력(1개월)	비 고
저축예금		▒	₩0	0
		해당없음	해당없음	
합 계		▒	₩0	0

2023년02월21일, 현재 고객님 명의의 예금(신탁·환매채) 잔액을 위와 같이 증명합니다.

잔액합계 : ▒원

농협은행 _____ (인)

주) 1. 이 증명서는 준법감시책임자의 확인이 있어야 유효합니다.
   2. 잔액합계가 1억원 이상인 경우는 영업점장의 확인이 있어야 유효합니다.
   3. 발급기준일 당일에는 해당 예금계좌의 입출금 거래를 할 수 없습니다.
   4. 미결제타점권, 관련대출·질권, 압류관련사항, 최근 질권해제이력(1개월)은 2023년02월21일 기준입니다.

* 최근 질권해제이력(1개월)은 법인계좌만 표시됩니다.
  본 잔액증명서는 발급일로부터 1개월 이내에 담행 홈페이지(http://banking.nonghyup.com/)
  초기화면의 "빠른조회서비스"에서 진위확인이 가능합니다
  1/1

다만 소액만을 남겨 둔 채 오랜 기간 금융거래를 하지 않은 경우에는 위 조회표에 잔액은 표시되나 잔액증명서가 발급되지 않는 경우가 있습니다. 이때에는 피상속인의 사망일로부터 소급해서 한 달간의 거래내역을 신청하면 잔액이 기재된 계좌내역을 발급받을 수 있으므로, 해당 거래내역으로 잔액을 표시하면 됩니다.

발급받을 서류
1. 잔액증명 (상속개시일 기준) 또는 상속개시일을 기준으로 하는 거래내역서
2. 부채증명 (상속개시일 기준)

(라) 보험의 해지환급금

피상속인이 보험계약자로서 보험료를 납부하던 중 사망함으로써 보험이 해지된 경우 또는 보험료를 납부하지 않아 실효된 상태에서 사망하게 되면, 해지환급금이 발생합니다.

이 경우 해지환급금은 피상속인의 상속재산에 포함되므로 해지환급예정금에 대한 확인서를 발급받으면 됩니다.

3.4.2023 10:36   From: 05051010037 To: 0314566612   ▯ 1/1

DB손해보험   함께,약속 🤝

해약환급금 증명서

	귀하
증권번호		피보험자	

계약내용

보험종목	
보험기간	2019-02-13 ~ 2039-02-13 (20년납기 / 20년만기)
취급자점	(방송사업부 ·)
최종납입	월납 2023.00 월분(240 회분/ 50 회) (총납입보험료 : 595,000 원)
주소	(주)
전화		월납 보험료	11,900 원
기지급액	

해감지급액	17,180	=	지급액계	17,180		공제액계	0
			해약환급금	17,180			0

지급지점	CNS몰주상발센터
담당자	김승명
전화	1588-0100

발급기준일자의 해지가정 예상해약환급금을 위 금액과 같이 증명합니다.

2023년 04월 03일

DB손해보험주식회사
서울시 강남구 테헤란로 432 DB금융센터

대표이사 **정 종 표** ㊞

※ 해약환급금은 발행기준일자에 따라 달라질 수 있습니다.

발급자		홈페이지	www.idbins.com

                                          1 / 1   2023-04-03   10:30:48
                                                                             LC6A019P.P

(마) 보험금

일반적으로 사망보험금 등을 상속인의 고유재산으로서 상속재산에 포함되지 않습니다. 그러나 보험계약자, 피보험자, 보험수익자가 모두 피상속인인 경우에는 상속재산에 포함됩니다. 따라서 보험계약자, 피보험자, 보험수익자가 모두 피상속인인 경우에는 이를 상속재산에 산입하여 적극재산으로 기입해야 합니다.

(바) 임대보증금

피상속인을 임차인으로 하는 임대차계약이 있는 경우에는 해당 임대차계약서 사본을 첨부하면 됩니다.

이후 청산과정에서 실제 취득하는 임대차보증금은 임대인으로부터 임대차보증금으로부터 공제되는 체납된 월차임, 관리비의 정산내역을 발급받아 청산에 첨부하면 됩니다.

(사) 기타

피상속인이 자영업을 하고 있었다면 기계기구, 실내비품 등도 모두 적극재산입니다. 그리고 피상속인이 소유하던 비상장주식, 특허권 등도 적극재산입니다.

(4) 소극재산
(가) 국세 체납금

양도소득세 등은 국세이고 이러한 국세의 체납에 대한 확인은 가까운 세무서를 방문하거나 국세청홈페이지(http://www.hometax.go.kr)에서 확인할 수 있습니다.

가까운 세무서를 방문해서 아래와 같이 '납세증명서' 또는 체납에 대한 '사실증명'을 발급받아 확인할 수 있는데, 이 경우에도 각 세무서별, 체납된 세목별로 구분해서 발급을 받아야 청산과정에서 지급할 세무서를 특정할 수 있습니다. 따라서 국세에 대한 체납확인서는 각 세무서별, 세목별로 구분해서 발급해 줄 것을 요청해야 합니다.

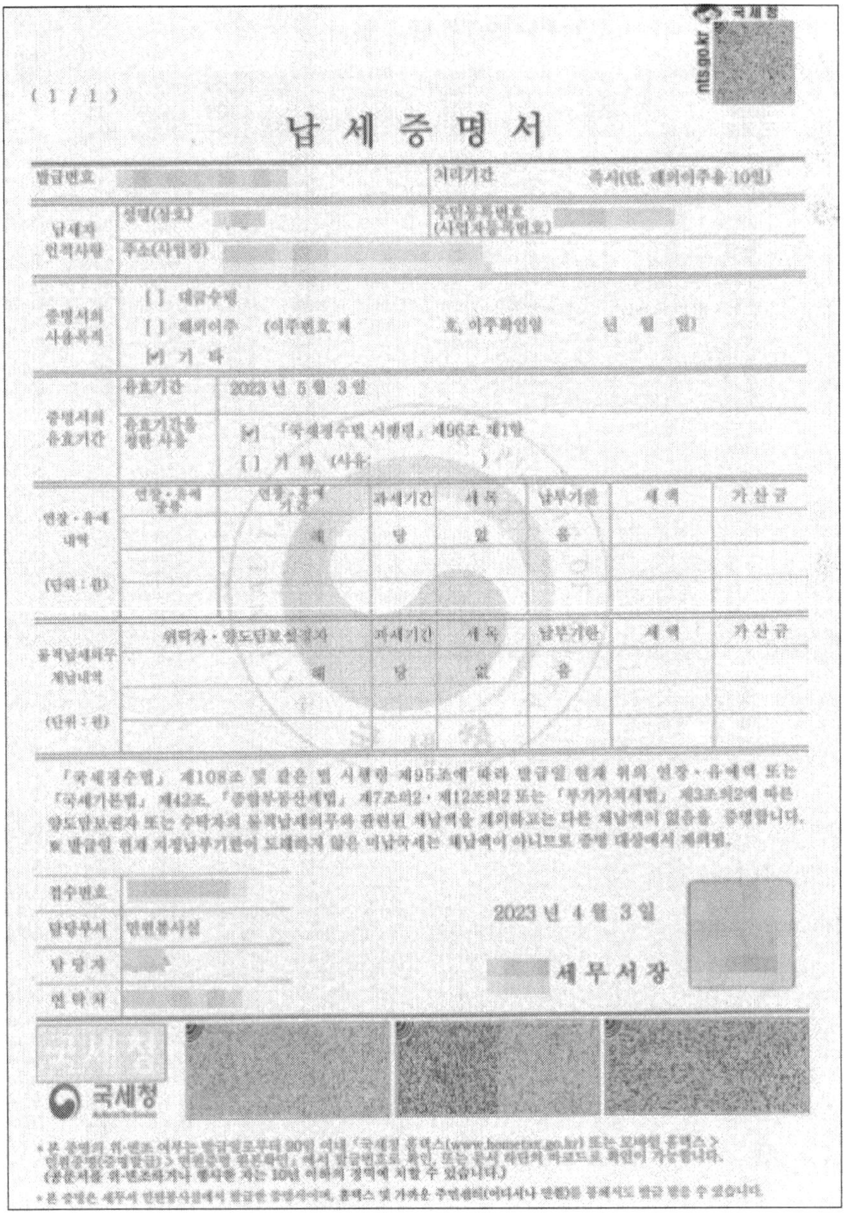

(1 / 1)

납 세 증 명 서

발급번호		처리기간	즉시(단, 해외이주용 10일)
납세자 인적사항	성명(상호)	주민등록번호 (사업자등록번호)	
	주소(사업장)		
증명서의 사용목적	[ ] 대금수령 [ ] 해외이주 (이주번호 제 호, 이주확인일 년 월 일) [✓] 기 타		
증명서의 유효기간	유효기간	2023 년 5 월 3 일	
	유효기간을 정한 사유	[✓] 「국세징수법 시행령」 제96조 제1항 [ ] 기 타 (사유:)	

	연장·유예 종류	연장·유예 기간	과세기간	세 목	납부기한	세 액	가 산 금
연장·유예 내역 (단위 : 원)		해	당	없	음		

	위탁자·양도담보설정자	과세기간	세 목	납부기한	세 액	가 산 금
물적납세의무 체납내역 (단위 : 원)	해	당	없	음		

「국세징수법」 제108조 및 같은 법 시행령 제95조에 따라 발급일 현재 위의 연장·유예액 또는 「국세기본법」 제42조, 「종합부동산세법」 제7조의2·제12조의2 또는 「부가가치세법」 제3조의2에 따른 양도담보권자 또는 수탁자의 물적납세의무와 관련된 체납액을 제외하고는 다른 체납액이 없음을 증명합니다.
※ 발급일 현재 지정납부기한이 도래하지 않은 미납국세는 체납액이 아니므로 증명 대상에서 제외됨.

접수번호	
담당부서	민원봉사실
담 당 자	
연 락 처	

2023 년 4 월 3 일

세 무 서 장

국세청

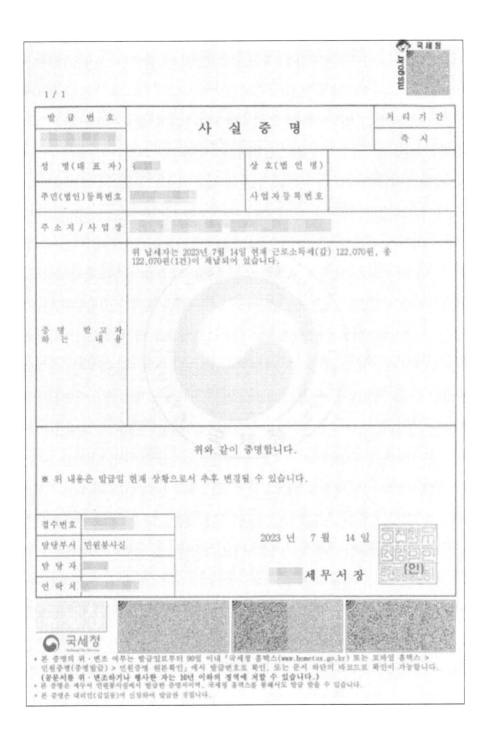

발 급 번 호	사 실 증 명		처 리 기 간
			즉 시

성 명(대 표 자)		상 호(법 인 명)	
주민(법인)등록번호		사업자등록번호	
주 소 지 / 사 업 장			

위 납세자는 2023년 7월 14일 현재 근로소득세(갑) 122,070원, 총 122,070원(1건)이 체납되어 있습니다.

증명하는 받고자 내용

위와 같이 증명합니다.

※ 위 내용은 발급일 현재 상황으로서 추후 변경될 수 있습니다.

접수번호	
담당부서	민원봉사실
담당자	
연락처	

2023 년 7 월 14 일

■■세무서장 (인)

국세청

* 본 증명의 위·변조 여부는 발급일로부터 90일 이내 「국세청 홈택스(www.hometax.go.kr) 또는 모바일 홈택스 > 민원증명(증명발급) > 민원증명 원본확인」에서 발급번호로 확인, 또는 문서 하단의 바코드로 확인이 가능합니다. (공문서를 위·변조하거나 행사한 자는 10년 이하의 징역에 처할 수 있습니다.)
* 본 증명은 세무서 민원봉사실에서 발급한 증명서이며, 국세청 홈택스를 통해서도 발급 받을 수 있습니다.
* 본 증명은 대리인(김일우)이 신청하여 발급한 것입니다.

(나) 지방세 체납금

세금은 지방세와 국세로 나눌 수 있습니다. 지방세는 가까운 시청 또는 구청을 방문해서 '사망자 재산조회(지방세)'를 신청할 수 있고 '지방세 세목별 과세증명서'를 발급받을 수 있습니다.

이때 주의할 점은 한정승인 심판문을 받은 후에 청산과정을 남겨 두고 있는데 세금은 지자체별로 청산할 금액을 지급해야 하므로, 체납된 지방세가 있다면 자치단체별로 구분해서 발급을 받아야 합니다.

발급번호
Issuance Number   2023-■■

지방세 세목별 과세증명서
Local Tax Assessment Certificate

납세자 TaxPayer	성명(법인명) Name(Name of Corporation)	■■	주민(법인,외국인)등록번호 Resident(Corporation,Foreign) Registration No.	■■■
	주소(영업소) Address(Business Office)	■■■		
상호 Company Name			사용목적 Purpose of Use	제출용을 위한 서류제출
과세대상 Tax Objects				

세목 Tax Items	부과년월 Tax Year-Month	부과유형 Tax Pattern	과세번호 Tax No.	세액 Tax Amount	비고 Remarks

[강원도,경상남도,경상북도,광주광역시,대구광역시,대전광역시,부산광역시,서울특별시,세종특별
자치시,울산광역시,인천광역시,전라남도,전라북도,제주특별자치도,충청남도,충청북도]

[과세년도 : 2013 ~ 2023 년]

전체 세목

위와 같이 전 세목에 대하여 과세 사실 없음

위와 같이 과세되었음을 증명합니다.
I hereby certify that the above tax assessment is true and correct.

2023.04.03
서류발행일:
2023년04월03일

| 신청인
Applicant | 성명(법인명)
Name
(Name of Corporation) | ■■ | 2023년 04월 03일(YYYY/MM/DD) |
| | 주소(영업소)
Address
(Business Office) | ■■■ | |

서울특별시 마포구청장
Head of the City/County/District/Town Government of Mapo-gu

수수료	
800	

※이 증명서는 재산소유 유무의 확인용으로 사용할 수 없습니다.
This certificate does not verify the ownership of any properties.

(다) 국민건강보험료 등의 체납

국민연금, 국민건강보험 등 4대 보험의 연체여부를 확인해야 하는데, 대부분은 국민건강보험료를 체납할 가능성이 많습니다. 이때 국민건강보험공단을 방문해서 4대 보험의 체납여부를 신청하거나 홈페이지(http://www.nhis.or.kr)에서 확인하는 것으로 가능합니다.

(라) 금융기관에 대한 대출 및 카드채무

상속인금융조회신청결과 부채가 확인되면 해당 금융기관을 방문해서 상속개시일을 기준으로 하는 부채증명을 발급받아 첨부하면 됩니다. 만일 채권자가 대부업체라고 해도 마찬가지입니다.

(마) 개인채무

부동산에 설정된 근저당권이나 가압류 중 채권자가 개인이거나 거래를 통한 개인채무가 있다면 이를 기재해야 합니다.

부동산등기부등본에 기재된 개인채권이 있다면, 등기된 부분을 그대로 기재하면 됩니다. 그리고 이외에 알고 있는 개인 간의 채무가 있다면 채권자로부터 확인서를 발급받아 제출하면 되나 만일 채권자가 이를 거부하게 되면 알고 있는 그대로 기재하면 됩니다.

특히 개인채무는 알면서도 이를 기재에서 누락하는 경우에는 개인채권자가 한정승인의 무효를 주장할 가능성이 있으므로 최대한 자세히 기재해야 합니다.

(바) 통신채무

휴대폰의 사용으로 인한 기계값과 통신요금은 각 통신사의 홈페이지에서 발급을 받거나 직접 방문해서 확인한 후 이를 기재하면 됩니다.

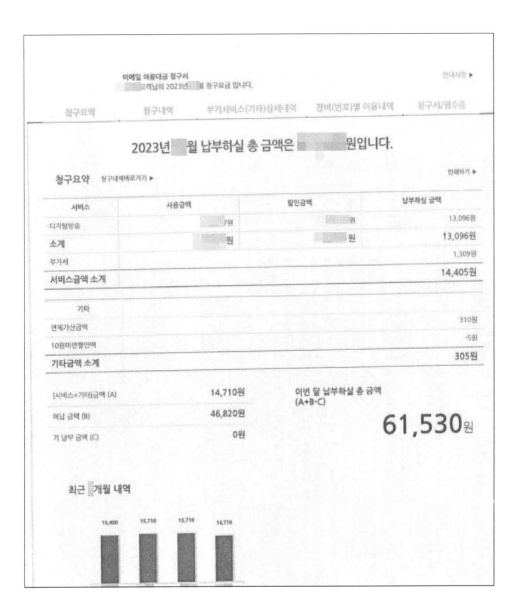

(사) 소송채무

실제 한정승인에서 가장 문제가 되나 간과하기 쉬운 소극재산이 소송채무입니다. 상속 한정승인은 피상속인의 재산으로 피상속인의 채무를 변제할 것을 전제로 신청하게 됩니다. 따라서 피상속인의 재산과 채무를 목록으로 작성해서 제출하게 됩니다.

일반적으로 이 경우 안심상속원스톱서비스를 신청하고 그 결과에 따라 목록을 작성하게 됩니다. 그러나 이러한 안심상속원스톱서비스는 금융재산과 채무를 기준으로 하다 보니, 세금, 건강보험 등 비금융채무에 대해서 상대적으로 소홀하게 됩니다. 그런데 이러한 비금융채무 이외에 주의할 채무로 소송채무가 있습니다.

피상속인의 사망한 후 상속인들이 단순승인을 하지 않고 상속한정승인 또는 상속포기를 하는 경우는 대부분 피상속인의 생전에 재산보다 채무가 더 많을 가능성을 우려하기 때문입니다. 특히 일부 피상속인은 생전에 이미 신용상태가 좋지 않아 금융거래조차 하지 못하거나 자신의 명의로 재산을 소유하지 못하는 경우가 있습니다. 그로 인해 이러한 피상속인을 상대로 상속채권자들이 소송을 제기하기도 합니다. 물론 당시 피상속인을 상대로 일정한 금액을 지급하라는 판결을 받았다고 하더라도 자신 명의의 재산이 없는 피상속인을 상대로 판결금을 회수하기란 어려운 일이지만 피상속인이 상속채권자에게 판결금을 지급할 의무가 있는 사실은 유지됩니다. 그리고 이러한 판결금의 효력은 피상속인이 사망한 후에도 여전히 유지되어 피상속인의 상속인들에게 법정상속분을 기준으로 상속됩니다.

> **대법원 1997. 6. 24. 선고 97다8809 판결**
> 금전채무와 같이 급부의 내용이 가분인 채무가 공동상속된 경우, 이는 상속 개시와 동시에 당연히 법정상속분에 따라 공동상속인에게 분할되어 귀속되는 것이므로, 상속재산 분할의 대상이 될 여지가 없다.

따라서 생전에 소송채무를 부담하던 피상속인의 사망하게 되면 해당 판결금 채무는 상속인들의 의사와 무관하게 법정상속분을 기준으로 상속인들에게 승계됩니다.

그런데 우리 민법 제165조 1.항에서는 "판결에 의하여 확정된 채권은 단기의 소멸시효에 해당한 것이라도 그 소멸시효는 10년으로 한다."라고 규정하고 있습니다. 그러다보니 피상속인에 대해서 판결채권을 갖고 있는 상속채권자는 판결의 확정일로부터 10년이 도래하면 시효의 연장을 위하여 피상속인을 상대로 재차 소송을 제기하게 됩니다. 만일 상속채권자가 확정판결일로부터 10년이 지나면 더 이상 청구가 어렵기 때문에 채권자의 입장에서 시효연장을 위해서 새로운 소송을 제기하게 되는 것입니다.

그런데 피상속인이 사망한 후이므로 소장의 부본이 피상속인에게 송달되지 못합니다. 그렇게 되면 법원은 피상속인의 주민등록초본을 발급받아 피상속인의 주소를 확인한 후 피상속인이 소장부본을 송달받을 수 있는 주소를 제출하라는 주소보정명령을 내립니다. 이에 원고인 상속채권자가 구청 또는 주민센터를 방문하여 피상속인의 주민등록초본을 발급받고 비로소 피상속인의 사망으로 주민등록이 말소된 사실을 확인하게 됩니다. 그렇게 되면 상속채권자는 소송의 유지를 위하여 법원에 피상속인의 사망사실을 알리고 피고를 피상속인에게서 상속인들로 변경할 수 있도록 법원에 피상속인의 기본증명서, 가족관계증명서, 혼인관계증명서 및 가족관계등록부에 기재된 상속인들인 배우자와 자녀들의 가족관계증명서, 주민등록초본을 발급할 수 있도록 하는 보정명령을 내려 달라는 요청을 하게 되고, 이러한 요청에 따라 법원은 위 각 서류를 발급받아 제출하면서 피고를 사망한 피상속인으로부터 상속인들로 변경하라는 당사자표시정정서 및 피상속인의 채무를 상속인들의 법정상속지분을 기준으로 나눈 청구취지 변경신청서를 제출하라는 명령을 하게 됩니다.

이에 상속채권자인 원고는 법원의 보정명령을 받아 위 각 서류를 발급받은 후 피상속인의 상속인들을 상대로 피고를 변경하고 각 상속인의 법정상속분을 기준으로 하는 청구를 하게 됩니다. 그리고 이와 같은 당사자표시정정과 청구취지변경신청서가 피상속인을 피고로 하는 당초의 소장 부본과 함께 상속인들에게 발송됩니다. 결국 이와 같은 절차를 통해서 상속인들이 소송의 피고당사자가 됩니다.

이때 상속인들이 아무런 답변을 하지 않으면 그대로 피상속인의 채무를 인정하게 되므로 상속인들은 한정승인 또는 상속포기 심판문을 첨부한 답변서를 제출함으로써 한정승인의 경우 피상속인의 상속재산 한도 내에서 채무를 부담한 사실을, 상속포기한 상속인은 상속포기로 인하여 상속인으로부터 배제되므로 상속포기한 자신에 대한 청구는 부당하다는 주장을 하게 됩니다.

그런데 만일 한정승인 신청과정에서 이와 같은 소송채무를 확인한 후 이를 한정승인 신청의 목록에 기재하고 심판문을 수령한 후에 청산과정에서 확정판결을 갖고 있는 상속채권자들에게 피상속인의 사망사실과 한정승인의 사실 및 청산통지를 내용증명으로 발송하게 되면, 상속포기를 한 상속인에게 소송을 할 이유가 없고, 한정승인을 한 상속인에게도 소송을 할 이유가 없습니다.

상속포기를 한 상속인에 대한 소송은 각하되고, 한정승인을 한 상속인에 대한 소송도 상속를 받은 재산의 범위 내에서 지급하라는 판결이 나오게 되므로 청산을 하겠다는 한정승인자에게 굳이 소송을 할 아무런 이유가 없습니다.

따라서 이와 같은 이유로 피상속인에 대한 확정판결을 갖고 있는 상속채권자들을 파악해서 이를 상속재산목록에 채무인 소극재산으로 기재하고 심판문의 수령 후에는 내용증명을 통하여 청산의 통지를 할 필요성이 있습니다.

이러한 피상속인을 당사자로 하는 소송은 법원 종합민원실을 방문해서 '코트넷 사건검색'을 신청하면 아래와 같이 확인이 가능합니다.

그리고 코트넷을 통하여 지급명령, 본안의 소(정식소송), 압류 등의 확인이 가능합니다. 그런데 일반적으로 지급명령을 신청했으나 송달불능되어 본안의 소로 이송되는 경우에는 본안의 판결문을 발급받아 한정승인 신청서에 첨부하면 됩니다. 다만 판결문은 해당 관할 법원에서만 발급이 가능하므로 다소 번거로움이 있으나 이 부분은 어쩔 수 없다고 할 것입니다.

또한 본안의 소 후에 부동산경매 또는 채권압류 및 추심명령을 신청할 수 있는데 이때는 별도의 사건번호가 부여됩니다. 이때는 대법원 나의 사건검색을 이용하여 경매 또는

압류 및 추심명령의 본안 사건번호를 확인한 후 해당 본안사건의 판결문을 첨부하면
됩니다. 따라서 각 사건별로 해당 사건의 채권자와 원인을 확인할 필요가 있습니다.
이러한 확인은 대법원 나의 사건검색(https://www.scourt.go.kr/portal/informa
tion/events/search/search.jsp)을 통하여 확인이 가능합니다.

(5) 장례비

장례비 정산서, 화장장과 납골당 영수증, 장례서비스영수증 등을 첨부해서 이를 소명자
료로 제출하게 됩니다.

그런데 우리 법원은 상속재산의 관리 및 청산에 필요한 비용, 장례비용 등이 피상속인이
나 상속인의 사회적 지위와 그 지역의 풍속 등에 비추어 합리적인 금액 범위 내라면
이를 상속비용으로 보아 적극적 상속재산에서 지급할 수 있다고 판단하고 있습니다.

그러므로 한정승인 후에 청산과정에서 적극재산으로부터 장례비 공제가 가능하므로
실제 장례비가 지급되었다면 그 내역을 목록에 기재하게 됩니다.

> **대법원 2003. 11. 14. 선고 2003다30968 판결 [구상금]**
> 상속에 관한 비용은 상속재산 중에서 지급하는 것이고, 상속에 관한 비용이라 함은 상속재산의 관리 및 청산에 필요한 비용을 의미하는바, 장례비용도 피상속인이나 상속인의 사회적 지위와 그 지역의 풍속 등에 비추어 합리적인 금액 범위 내라면 이를 상속비용으로 보아야 한다.

정 산 서

(고객보관용)

고객번호	202302-	빈 소	호실
고 인		상 주	
발인일시	2023- -	전화번호	

구 분	업 체	사업자등록번호	금 액
시설관리	장례식장		2,526,000
장례용품	장례식장		330,000
식당	장례식장		4,960,000
매점	장례식장		1,276,100
합 계			9,092,100

2023년 월 일 22:27 조영정님 직직비

장례식장 현금4이0000 별도

* 정산 완료후 조치사항 *

6. 특별한정승인

특별한정승인은 원칙적으로 상속개시일로부터 3개월 후에 신청할 수 있다는 점을 빼고는 일반한정승인과 대부분 같습니다. 따라서 신청인, 청산절차 등은 일반한정승인을 참고하시기 바랍니다.

가. 신청기간

(1) 상속개시일로부터 3개월이 지난 특별한정승인

특별한정승인에 관해서 규정하고 있는 민법 제1019조 3.항은 「제1항에도 불구하고 상속인은 상속채무가 상속재산을 초과하는 사실(이하 이 조에서 "상속채무 초과사실"이라 한다)을 중대한 과실 없이 제1항의 기간 내에 알지 못하고 단순승인(제1026조제1호 및 제2호에 따라 단순승인한 것으로 보는 경우를 포함한다. 이하 이 조에서 같다)을 한 경우에는 그 사실을 안 날부터 3개월 내에 한정승인을 할 수 있다.」라고 규정하고 있습니다.

따라서 이러한 규정 중 '제1항에도 불구하고 상속인은 상속채무가 상속재산을 초과하는 사실을 중대한 과실 없이 제1항의 기간 내에 알지 못하고 단순승인을 한 경우에는 그 사실을 안 날부터 3개월 내에 한정승인을 할 수 있다'에 의하면 특별한정승인의 신청기간은 피상속인의 사망으로 인하여 자신이 상속인이 된 사실을 안 날로부터 3개월이 지난 후 '상속채무 〉 상속재산'인 사실을 안 날로부터 3개월입니다.

상속한정승인심판청구

청 구 인(상속인)   1. 김XX (701234 - 1234567)
               등록기준지 : 경상북도 XX군 XX읍 XX로 124
               주 소 : 서울특별시 XX구 XX26길 12, 134동 123호 (XX
                     동,XX빌)

               2. 김XX (751234 - 1234567)
               등록기준지 : 경상북도 XX군 XX읍 XX로 124
               주 소 : 경기도 XX시 XX로 123, 1234동 1234호 (XX동,XX
                     마을11단지)

피상속인(사망자)   김XX (381234 - 1234567)
               사망일자 : 2021년 12월 23일
               등록기준지 : 경상북도 XX군 XX읍 XX로 124
               최후주소 : 경상북도 XX군 XX읍 XX리 123-4

청 구 취 지

청구인들이 피상속인 망 김XX의 재산상속을 함에 있어 별지 재산목록을 첨부하여서한 한정승인신고는 이를 수리한다.
라는 심판을 구합니다.

청 구 원 인

1. 청구인과 망인의 상속관계
망 김XX(이하 '피상속인'이라고만 합니다)는 청구외 이XX와 혼인하여 청구인 김

XX, 청구인 김XX를 두었으나 1995. 7. 3. 청구외 이XX와 이혼한 후 2023. 2. 21. 사망하였습니다. 따라서 우리 민법 제1000조의 규정에 따라 피상속인의 상속인은 직계비속인 청구인 김XX, 청구인 김XX의 1남 1녀가 됩니다.

2. 청구인들의 망인의 채무사실 인지
가. 인천지방법원 2023가단1234 대여금 청구의 소로 알게 된 채무초과 사실
청구인들은 수도권에서 생활한 반면에 망인은 청구외 이XX와 이혼한 후 XX에서 계속 거주하였으므로 청구인들은 망인의 사정을 알지 못하였습니다.

그런데 2023. 3. 21. XX대부 주식회사로 부터 피고를 망인에서 청구인들로 변경한 후 각 50,000,000원 및 지연이자를 지급하라는 취지의 소장, 당사자표시변경신청서, 청구취지 및 청구원인변경신청서를 송달받게 되었습니다(나의사건검색 및 소장 등 참조).

그리하여 청구인들은 위와 같은 청구취지 및 청구원인변경신청서를 송달받게 됨으로써 2022. 3. 21. 비로소 망인의 재산보다 채무가 더 많은 사실을 알게 되었습니다.

3. 민법 제1019조 제3항에 의한 청구인들의 한정승인의 신청
우리 민법 제1019조 3항에서는 상속인은 상속채무가 상속재산을 초과하는 사실을 중대한 과실 없이 제1항의 기간 내에 알지 못하고 단순승인을 한 경우에는 그 사실을 안 날부터 3월내에 한정승인을 할 수 있다고 규정하고 있습니다.

그런데 망인은 홀로 XX군에서 거주하던 반면에 청구인들은 수도권에서 거주하면서 일체의 왕래를 하지 않았으므로 망인의 경제적 사정을 전혀 알지 못했습니다.

그리고 최근에 소장을 송달받음으로 인하여 청구인들은 비로소 망인의 재산보다 채무가 더 많은 사실을 알게 되었습니다.

그리하여 청구인들은 민법 제1019조 3항의 규정에 따라 망인으로부터 상속받은 재산의 한도에서 망인의 채무를 변제하고자 이 사건 청구에 이르게 된 것입니다.

4. 맺는 말

청구인들은 망인의 사망 후 예상하지 못한 소장의 송달로 인하여 망인의 채무가 재산보다 많은 사실을 알게 되었습니다. 이에 민법 제1019조 3항의 규정에 따라 이 사건 한정승인 신청을 하오니 청구인들의 이 사건 한정승인심판을 수리하여 주시기 바랍니다.

첨 부 서 류

1. 망 김XX의 기본증명서 등
1. 청구인 김XX의 가족관계증명서 등
1. 청구인 김XX의 가족관계증명서 등
1. 나의사건검색 및 소장 등

2023. .   .

위 청구인   김XX   (인감도장)

김XX   (인감도장)

대구가정법원   XX지원 귀중

서식 2) 상속개시일로부터 3개월이 지난 신청된 특별한정승인심판문

서 울 가 정 법 원
심   판

사   건   2022느단 50980 상속한정승인
청 구 인   XXX(841212-1234567)
             주 소 XX시 XX읍 XX로 12, 123동 201호 (XX1차)
피상속인   망 XXX(551212-2234567)
             2015. 1. 25. 사망
             최후주소 XX시 XX구 XX동 12-34, 123호

주   문

청구인이 피상속인 망 XXX의 재산상속을 함에 있어 별지 상속재산목록을 첨부하여
서 한 2022. 2. 18.자 한정승인 신 고 는 이를 수 리 한 다 .

이   유

이 사건 청구는 이유 있으므로 주문과 같이 심판한다.

                    2022. 4. 21.
                    사법보좌관 X X X (인)

상 속 재 산 목 록

1. 적극재산

가. 부동산 : 없음

나. 임대차보증금 : 없음

다. 자동차 : 없음

라. 금융재산

금융기관		계좌번호	잔액	기준일	비고
① XX은행		123-456789-10-123	219,188원	2022.03.17	
② XX은행		123-43-456789	79,850원	2022.03.14	
③ XX농협		123456-78-910111	0원	2022.03.14	
		123456-89-101112	0원		
④ XX농협		123456-78-9101112	13,321원	2022.03.14	
⑤ XX행		1234-567-891011	12,081원	2022.03.14	
		123-456789-10-112	6,259원		
⑥ XX은행		123-456789-10112	21원	2022.03.17	압류 10,001,140원
		123-456789-10112	0원		압류 USD 41,3458.51
⑦ XX은행		123-456-789101	0원	2022.03.17	압류
		123-456-647860	0원		지급정지
⑧ 서민금융진흥원	XX생명	1234567891011	854,229원	2022.03.17	
		1234578531911	379,334원		
⑨ XX증권		123-45-678910	793원	2022.03.28	
⑩ XX금융투자		12345678-910	179,346원	2022.03.28	
⑪ XXXX신협		112-034-567891	11,949원	2022.03.14	

2. 소극재산

가. 국세

세무서	계좌번호	잔액
① XX세무서	부가가치세	54,008,750원
② XX세무서	종합소득세	9,709,960원
③ XX세무서	양도소득세	25,192,730원

나. 금융채무
① XX은행 : 23,642,202원 (= 6,694,862원 + 16,902,940원 + 44,400원)
② XX생명 : 5,934,217원
③ XX손해보험 : 1,364,410원
④ XX카드 : 19,258,689원
⑤ 한국자산관리공사(신한은행) 16,040,836원

다. 기타채무
① 망인의 사망으로 인해 발생되어진 상속인이 알 수 없는 망인 개인의 사채, 대출, 카드 및 현 시점에서 연체로 인해 발생하는 각 대출, 카드, 사채 등 이자 부분 일체
② 이하, 상속인이 알지 못하는 망인 개인소유의 국세, 지방세, 등 일체의 상속채무와 기간이 가산되어 발생하는 이자 일체

(2) 한정승인(또는 상속포기)의 기간 안의 특별한정승인

민법 제1026조에서는 '다음 각호의 사유가 있는 경우에는 상속인이 단순승인을 한 것으로 본다.'라고 하면서 제1항으로 '상속인이 상속재산에 대한 처분행위를 한 때'라고 규정하고 있습니다.

그리고 상속인이 피상속인의 재산을 임의로 처분하고 사용한 제3자를 형사고소한 후 1,000만원을 지급받아 이를 다른 상속인에게 송금한 다음에 상속포기를 한 사례에 대해서 대법원 2010. 4. 29. 선고 2009다84936 판결은「상속인이 제3자로 부터 1,000만 원을 받은 것은 피상속인이 제3자에게 갖고 있는 손해배상채권을 추심해서 변제를 받은 것은 상속재산의 처분행위에 해당하므로 이러한 행위로 인해서 상속인은 단순승인을 한 것으로 간주된다고 하면서, 그 이후에 상속인이 한 상속포기는 그 효력이 없다.」라고 판단하였습니다.

따라서 위와 같은 판례에 의하면 '상속인이 피상속인의 채권을 추심하여 변제받는 것도 상속재산에 대한 처분행위에 해당한다.'라고 규정하고 있습니다. 그러므로 이와 같은 판례에 의하면 상속인이 피상속인의 재산에 대한 처분에 해당하는 행위를 한 후에는 상속포기 또는 한정승인을 한다고 하더라도 이미 처분행위로 인하여 단순승인을 한 것이 되므로 그 후에 한 상속포기 또는 한정승인은 효력이 없게 됩니다.

그러나 민법 제1019조 3.항은「제1항에도 불구하고 상속인은 상속채무가 상속재산을 초과하는 사실(이하 이 조에서 "상속채무 초과사실"이라 한다)을 중대한 과실 없이 제1항의 기간 내에 알지 못하고 단순승인(제1026조제1호 및 제2호에 따라 단순승인한 것으로 보는 경우를 포함한다. 이하 이 조에서 같다)을 한 경우에는 그 사실을 안 날부터 3개월 내에 한정승인을 할 수 있다.」라고 규정하고 있습니다.

따라서「제1026조 제1호 및 제2호에 따라 단순승인한 것으로 보는 경우를 포함한다.」는 규정에 의할 때 피상속인의 사망하고 그로 인하여 자신이 상속인이 된 사실을 안 날로부터 3개월이 지나지 않았다고 하더라도 특별한정승인을 신청할 수 있습니다.

가령 피상속인의 사망하고 그로 인하여 자신이 상속인이 된 사실을 안 날이 2022. 5. 1.인 경우에 일반적으로 한정승인은 2022. 8. 1.까지는 한정승인을 신청하고 그 후에는 특별한정승인을 신청하는 것으로 알고 있으나, '상속채무 〉 상속재산'인 사실을 2022. 5. 20.에 알게 된 경우에는 2022. 5. 21.부터 2022. 8. 20.까지 특별한정승인을 신청할 수 있습니다.

따라서 처분행위가 없었다면 상속인의 입장에서는 2022. 5. 2.부터 2022. 8.1.까지는 한정승인은 물론 특별한정승인을 신청할 수 있고, 2022. 8. 2.부터 2022. 8. 20.까지는 특별한정승인을 신청할 수 있습니다.

실제 실무에서도 2022. 5. 2. 후에 처분행위가 있었던 사건에서 한정승인 또는 상속포기의 신청기간 안에 특별한정승인을 신청하여 수리를 받기도 합니다.

이러한 특별한정승인의 신청기간을 정리하면 기간과 무관하게 '상속채무 〉 상속재산'인 사실을 안 날로부터 신청할 수 있다고 하면 될 것입니다.

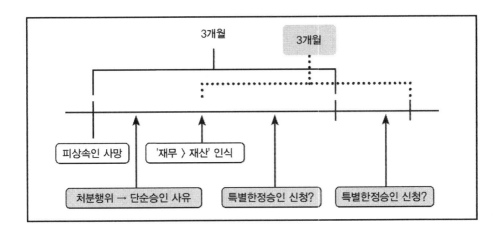

대법원 2021. 2. 25. 선고 2017다289651 판결

민법 제1019조 제3항이 신설된 후 상속인이 단순승인을 하거나 단순승인한 것으로 간주된 후에 한정승인신고를 하고 가정법원이 특별한정승인의 요건을 갖추었다는 취지에서 수리심판을 하였다면 상속인이 특별한정승인을 한 것으로 보아야 한다.

상속한정승인심판청구

청 구 인(상속인)   이XX (781234 - 1234567)

등록기준지 : XX남도 XX군 XX면 XX길 123의 4

주   소 : 경기도 XX시 XX구 XXX로123번길 12, 1234동 123호 (XX동,XX아파트)

피상속인(사망자)   이XX (521234 - 1234567)

사망일자 : 2023년 1월 24일

등록기준지 : XX남도 XX군 XX면 XX길 123의 4

최후주소 : XX남도 XX군 XX읍 XX1길 1, 234호 (XX빌리지)

청 구 취 지

청구인이 피상속인 망 구XX의 재산상속을 함에 있어 별지 상속재산목록을 첨부하여서 한 한정승인신고는 이를 수리한다.

라는 심판을 구합니다.

청 구 원 인

1. 망 이XX(이하 '피상속인'이라고만 합니다)는 청구외 김XX 사이에서 청구인 이XX을 두었으나 2003. 8. 18. 청구외 김XX과 협의이혼을 하였습니다. 그런데 피상속인은 2023. 1. 24. 사망하였습니다. 따라서 우리 민법 제1000조의 규정에 따라 피상속인의 상속인은 직계비속인 청구외 이XX이 됩니다.

2. 그런데 우리 민법 제1019조 제1항에서는 「상속인은 상속개시있음을 안 날로부터 3월내에 단순승인이나 한정승인 또는 포기를 할 수 있다.」라고 규정하면서, 같은 제3항에서는 「제1항에도 불구하고 상속인은 상속채무가 상속재산을 초과하는

사실(이하 이 조에서 "상속채무 초과사실"이라 한다)을 중대한 과실 없이 제1항의 기간 내에 알지 못하고 단순승인(제1026조제1호 및 제2호에 따라 단순승인한 것으로 보는 경우를 포함한다. 이하 이 조에서 같다)을 한 경우에는 그 사실을 안 날부터 3개월 내에 한정승인을 할 수 있다.」라고 규정하고 있습니다.

그리고 이에 관하여 법원은 「민법 제1019조 제3항은 상속인인 배우자와 자녀들이 그 직계존속의 사망으로 인한 상속채무가 상속재산을 초과하는 사실을 중대한 과실 없이 상속개시 있음을 안 날부터 3월 내에 알지 못하고 단순승인(민법 제1026조 제1호 및 제2호의 규정12)에 의하여 단순승인한 것으로 보는 경우를 포함한다)을 한 경우에는 그 사실을 안 날부터 3월 내에 한정승인을 할 수 있다고 정함으로써, 이른바 특별한정승인제도를 두고 있다(대법원 2017. 1. 12. 선고 2014다39824 판결).」라고 함으로써, 한정승인을 신청할 수 있는 기간 안에 중대한 과실이 없이 상속채무가 상속재산을 초과한다는 사실을 알지 못하여 상속재산에 관한 처분행위를 함으로써 단순승인을 하였다고 하더라도 그 후에 상속채무가 상속재산을 초과한다는 사실을 안 날로부터 3개월 안에 특별한정승인을 신청할 수 있다고 판단하고 있습니다.

3. 그런데 이 사건으로 돌아와 보면 XX남도 XX군에 거주하던 피상속인이 2023. 1. 24. 사망한 후 피상속인의 지인의 권유에 따라 2023. 2. 22. 피상속인이 생전에 소유하던 2006년형 SM5 차량의 말소에 동의하고 폐차금액 60만원을 지급받았습니다.

그런데 그로부터 19일 후인 2023. 3. 24. XX신용정보 김XX 팀장으로부터 피상속인의 판결금 채무를 통지받고 피상속인을 피고로 하는 XX지방법원 XX지원 2015가소1234 대여금 사건의 판결문을 문자로 송부 받았습니다.

이에 청구인은 안심상속원스톱서비스를 신청하고 그 회신을 받음으로써 비로소 피상속인의 상속채무가 상속재산을 초과하게 된 사실을 알게 되었습니다.

따라서 청구인은 대법원 2017. 1. 12. 선고 2014다39824 판결과 민법 제1019조 제3항의 규정에 따라 상속채무가 상속재산을 초과한 사실을 알게 된 2023. 3. 24.로부터 기산하여 3개월 이내에 상속으로 인하여 얻은 상속재산의 한도에서 망인의 채무를 변제할 것을 조건으로 한정승인을 하고자 이 심판청구에 이른 것입니다.

4. 그러하오니 청구인의 이 사건 한정승인심판을 수리하여 주시기 바랍니다.

[※ 다만 망인에 대한 상속재산목록과 각 입증자료는 추후 보정하도록 하겠습니다.]

첨 부 서 류

1. 망 이XX(사건본인)의 기본증명서 등   각 1부.
1. 이XX의 가족관계증명서 등   각 1부.
1. 문자내역 등   각 1부.

2023.   .   .

위 청구인 이XX   (인감도장)

광주가정법원 XX지원   귀중

---

12) 제1026조(법정단순승인)

다음 각 호의 사유가 있는 경우에는 상속인이 단순승인을 한 것으로 본다.

1. 상속인이 상속재산에 대한 처분행위를 한 때

2. 상속인이 제1019조제1항의 기간내에 한정승인 또는 포기를 하지 아니한 때

심판문) 처분행위 후 신청된 특별한정승인심판문

광주가정법원 목포지원

심 판

사 건　　　2023느단XXXX 상속한정승인심판청구
청 구 인　　김XX (801230-12345678)
　　　　　　주소 안양시 XX구 XX로1길 3
피상속인　　망 김XX (501230-12345678)
　　　　　　2023. 2. 21. 사망
　　　　　　최후주소 안양시 XX구 XX로2길 5

주 문

청구인이 피상속인 망 김XX의 재산상속을 함에 있어 별지 상속재산목록을 첨부하여서 한 2023. 4. 11.자 한정승인 신고는 이를 수리한다.

이 유

이 사건 청구는 이유 있으므로 주문과 같이 심판한다.

　　　　　　　　　　　　2023. 5. 1.

　　　　　　사법보좌관　　　XXX (인)

상 속 재 산 목 록

1. 적극재산

가. 부동산 : 없음 (지적전산자료조회결과, 건축물정보조회내역)

나. 자동차 : 12러XXXX (2006년형 SM5 LPLI, 폐차금 600,000원, 차량정보조회, 차량등록원부)

다. 어선 : 없음 (어선정보조회내역)

라. 금융재산 : 2,570,888원

금융기관	계좌번호	잔액	기준일	비고
① 농협은행	XXX-XXXX-XXXX-XX	123,456원	2023.02.21	
② 우리은행	1002-XXX-XXXXXX	106원	2023.04.03	
③ 삼호농협	352-1733-XXXX-XX	60,973원	2023.02.21	
	352-XXXX-XXXX-XX	256,962원		
	633114-51-XXXXXX	1,211,838원		
④ 하나은행	196-890297-XXXXX	506,334원	2023.04.03	압류있음 (5,000,000원)
⑤ 우체국	501692-02-XXXXXX	2,000원	2023.04.03	압류있음 (5,000,000원)
⑥ 유진투자증권	032-11-01XXXX	821원	2023.04.05	
⑦ 삼호새마을금고	9002-1841-XXXX-X	101,988원	2023.02.21	
⑧ 서민금융진흥원	27408XXXXXXXX	20원	2018.06.26	DB손해보험
계		2,264,498		

마. 해지환급금 : 19,155원

보험사	상품명	증권번호	환금예정금	기준일
① DB손해보험	참좋은운전자보험	3201XXXXXXXX	17,180원	2023.04.03
② 농협생명	으뜸재해보장공제	633112-018-XXXXXX	1,975원	2023.04.03
계			19,155원	

2. 소극재산

가. 국세 : 없음 (납세증명서)

나. 지방세 : 없음 (사망자 재산조회(지방세) 결과 안내문)

다. 국민연금 등 : 22,790원

구분	기간	미납액	연체	미납액계	기준
① 연금		0	0	0	
② 건강보험	2023.01~2023.02	22,300원	490원	22,790원	2023.04.12
계		22,300원	490원	22,790원	

라. 금융채무 : 120,693,20원

금융기관	계좌번호	원금	이자	비용	합계	비고
① 농협자산관리공사	617051-128-XXXXXXX	18,999,592	101,551,365	142,163	120,693,120	2023.04.13

마. 통신채무 : 61,530원

채권자	디지털방송	미납액	합계	비고
① LG헬로비전	14,710원	46,820원	61,530원	2023.04.

바. 소송채무

1) 광주지방법원 목포지원 2014가소XXXXX 보증금
   ○ 원고 : 이XX (목포시 XX로123번길 9, 102동 34035 (XX동, XXX아파트)
   ○ 주문 : 1. 피고는 원고에게 2,500,000원과 이에 대하여 2005. 8. 6.부터 다 갚는 날까지는 연 20%의 각 비율로 계산한 돈을 지급하라. 2. 소송비용은 피고가 부담한다.

2) 부산지방법원 2014가소XXXX 임대차보증금반환
   ○ 원고 : 정XX (부산 X구 XXX로1234번길 10, 102동 345호)
   ○ 주문 : 1. 피고는 원고에게 2,500,000원과 이에 대하여 2005. 8. 6.부터 다 갚는 날까지는 연 20%의 각 비율로 계산한 돈을 지급하라.
           2. 소송비용은 피고가 부담한다.

3) 광주지방법원 목포지원 영암군법원 2015가소XXXX 보증금반환
   ○ 원고 : 전문희 (전남 영암군 XX읍 XXX로 123, 102동 3405호 (XX리, XX휴먼시아)
   ○ 주문 : 1. 피고는 원고에게 1,600만원과 2015. 11. 6.부터 다 갚는 날까지 연 15%의 비율로 계산한 돈을 지급하라.
           2. 소송비용은 피고가 부담한다.
   ○ 관련사건 : 광주지방법원 목포지원 2022카불XX

사. 기타채무
① 망인의 사망으로 인해 발생되어진 상속인이 알 수 없는 망인 개인의 사채, 대출, 카드 및 현 시점에서 연체로 인해 발생하는 각 대출, 카드, 사채 등 이자 부분 일체

② 이하, 상속인이 알지 못하는 망인 개인소유의 국세, 지방세, 등 일체의 상속채무
   와 기간이 가산되어 발생하는 이자 일체.

3. 장례비 : 14,927,100원

 가. XXX병원 장례식장 : 9,092,100원

 나. 봉안함, 상복 등 : 4,835,000원

 다. 화장 : 1,000,000원

나. 입증책임

앞서 본 바와 같이 특별한정승인에 대해서 규정하고 있는 민법 제1019조 3.항에서는 '중대한 과실이 없이 + 상속채무 〉상속재산 + 3개월'이라고 규정하고 있습니다.

따라서 이와 같은 규정에 따라 특별한정승인을 신청하는 상속인에게는 ① '상속채무 〉상속재산'인 사실, ② 상속인에게 중대한 과실이 없이 '상속채무 〉상속재산'을 알지 못한 사실, ③ '상속채무 〉상속재산'을 안 날로부터 3개월이 지나지 않은 사실을 입증할 책임이 있습니다. 그리고 이와 같은 입증책임은 'or(또는)'이 아닌 'and(그리고)'이므로 이 중 하나라도 입증하지 못하면 특별한정승인의 수리를 받을 수 없습니다.

(1) 상속인은 '상속채무 〉상속재산'이라는 사실에 대한 입증책임의 이행을 위해서 피상속인의 모든 재산을 가액으로 표기해야 합니다.

이때 재산이 예금인 경우에는 잔액증명을 첨부하고 그 가액을 상속재산목록에 기재하면 됩니다. 또한 채무가 금전채무인 경우에도 해당 금액을 그대로 기재하면 됩니다. 그러나 상속재산이 부동산인 경우 원칙적으로 시가를 기재하게 되어 있는데 이 경우 아파트인 경우는 KB국민은행의 일반평균가를 기준으로 하고 해당 화면을 출력 인쇄해서 제출하면 족하나, 단독주택, 상가, 토지 등 일반시세를 확인하기 어려운 경우에는 탁상감정서나 부동산중개업자의 시가확인서 등을 통해서 시가를 표시할 수 있습니다.

그리고 상속재산이 차량인 경우는 중고차량매매센터의 시가확인서를 발급받아 제출하거나, 인터넷으로 상속재산인 해당 차량과 모델과 연식 및 주행거리가 유사한 차량의 시세를 기재한 화면을 출력해서 첨부하면서 그 금액을 기재할 수 있습니다.

(2) 또한 '상속채무 〉 상속재산'인 사실을 중대한 과실 없이 알지 못한 사실에 대한 입증책임은 법원으로 송달받은 피상속인을 당사자로 하는 소장 부본, 안심상속원스톱서비스의 신청에 의한 상속인금융조회서비스의 출력물, 채권자와 통화한 녹취록 등을 제출함으로써 입증을 할 수 있습니다.

(3) 그런데 실무상에서 더욱 문제가 되는 것은 '언제 채무초과 상태를 알았는지'에 대한 입증방법입니다.

통상은 피상속인의 채권자로부터 소장을 받은 경우에는 해당 소장과 인터넷으로 '대법원 나의 사건검색'에 접속한 후 해당 법원, 사건번호, 당사자를 입력한 후 해당 상속인에게 소장 부본이 송달된 날이 기재된 화면을 출력해서 이를 첨부함으로써 채무초과사실을 안 날을 입증할 수 있습니다. 그리고 이외에도 피상속인이 채권자로부터 온 채무변제독촉서, 문자 등을 통해서도 입증이 가능합니다.

7. 한정승인자와 특별한정승인자의 청산

민법 제1028조(한정승인의 효과)에서는 「상속인은 상속으로 인하여 취득할 재산의 한도에서 피상속인의 채무와 유증을 변제할 것을 조건으로 상속을 승인할 수 있다.」라고 하여 한정승인을 한 상속인에게 청산의무를 부과하고 있습니다.

가. 채권자의 확정

상속인은 상속으로 인하여 취득할 재산의 한도에서 피상속인의 채무와 유증을 변제할 것을 조건으로 상속을 승인할 수 있습니다(민법 제1028조). 따라서 한정승인을 신청한 상속인은 적극재산의 한도에서 피상속인의 채무를 변제할 의무가 있습니다.

그런데 적극재산은 상속인금융조회와 재산세납부내역 등으로 확인할 수 있고, 상속채무도 상속인금융조회 등으로 어느 정도 가능합니다. 그러나 피상속인이 사업상 부담하는 채무, 개인 간 채무를 상속인이 모두 알기란 어렵습니다. 그런데 청산을 위해서는 피상속인의 채권자와 채무를 확정해야 합니다. 그리하여 민법은 한정승인자로 하여금 한정승인을 한 날로부터 5일내에 한정승인의 사실과 일정한 기간 내에 그 채권 또는 수증을 신고할 것을 2월 이상 공고하도록 하고 있습니다(민법 제1032조).

따라서 한정승인자는 신문공고를 통해서 적극재산을 배당할 피상속인의 채권자를 확정하게 됩니다.

다만 신문공고를 통하여 채권자를 확정했다고 하더라도 배당을 하는 과정에서 새로운 채권자가 확인되었다면, 추가로 확인된 상속채권자를 포함하여 배당을 해야 합니다. 이 경우 배당표를 재작성하여 각 채권자들에게 내용증명의 재발송해야 하는 번거로움이 있으나 어쩔 수 없습니다.

민법

제1032조(채권자에 대한 공고, 최고)
① 한정승인자는 한정승인을 한 날로부터 5일내에 일반상속채권자와 유증받은 자에 대하여 한정승인의 사실과 일정한 기간 내에 그 채권 또는 수증을 신고할 것을 공고하여야 한다. 그 기간은 2월 이상이어야 한다.
② 제88조제2항, 제3항과 제89조의 규정은 전항의 경우에 준용한다.

제88조(채권신고의 공고)
① 청산인은 취임한 날로부터 2월내에 3회 이상의 공고로 채권자에 대하여 일정한 기간내에 그 채권을 신고할 것을 최고하여야 한다. 그 기간은 2월 이상이어야 한다.
② 전항의 공고에는 채권자가 기간내에 신고하지 아니하면 청산으로부터 제외될 것을 표시하여야 한다.
③ 제1항의 공고는 법원의 등기사항의 공고와 동일한 방법으로 하여야 한다.

제89조(채권신고의 최고)
청산인은 알고 있는 채권자에게 대하여는 각각 그 채권신고를 최고하여야 한다. 알고 있는 채권자는 청산으로부터 제외하지 못한다.

대법원 2018. 11. 9. 선고 2015다75308 판결

민법 제1034조 제1항에 따라 배당변제를 받을 수 있는 '한정승인자가 알고 있는 채권자'에 해당하는지 여부는 한정승인자가 채권신고의 최고를 하는 시점이 아니라 배당변제를 하는 시점을 기준으로 판단하여야 한다. 따라서 한정승인자가 채권신고의 최고를 하는 시점에는 알지 못했더라도 그 이후 실제로 배당변제를 하기 전까지 알게 된 채권자가 있다면 그 채권자는 민법 제1034조 제1항에 따라 배당변제를 받을 수 있는 '한정승인자가 알고 있는 채권자'에 해당한다.

나. 적극재산의 환가

한정승인자는 상속채권자에게 피상속인의 적극재산을 한도로 변제할 의무가 있습니다. 따라서 부동산이나 비상장주식 또는 차량 등과 같이 금전인 아닌 재산인 경우에는 배당을 위하여 환가할 필요가 있습니다. 이에 대해서 민법은 민사집행법에 의하도록 하고 있습니다.

따라서 부동산이나 차량 등의 경우 법원에 청산을 위한 형식적 경매를 통하여 환가절차를 진행하도록 하고 있습니다.

그런데 사망한 피상속인 명의로는 경매가 될 수 없으므로, 형식적 경매를 위해서는 피상속인 명의의 재산을 한정승인자 명의로 변경을 한 후 경매를 신청해야 합니다.

그러나 간혹 부동산의 규모가 작거나 지목이 도로 또는 공유상태이므로 경매를 위한 비용이 예상되는 낙찰가보다 더 많을 수 있습니다. 만일 이와 같이 입찰최저가가 경매비용보다 더 많은 경우에는 실무상 해당 부동산과 차량을 환가대상에서 배제할 수 있습니다.

또한 실무상 차량의 경우는 반드시 법원경매에 의하지 않고 사설경매업체를 통하여 경매를 하기도 합니다.

민법

제1034조(배당변제)
① 한정승인자는 제1032조제1항의 기간만료후에 상속재산으로서 그 기간 내에 신고
한 채권자와 한정승인자가 알고 있는 채권자에 대하여 각 채권액의 비율로 변제하여
야 한다. 그러나 우선권있는 채권자의 권리를 해하지 못한다.
② 제1019조제3항 또는 제4항에 따라 한정승인을 한 경우에는 그 상속인은 상속재
산 중에서 남아있는 상속재산과 함께 이미 처분한 재산의 가액을 합하여 제1항의
변제를 하여야 한다. 다만, 한정승인을 하기 전에 상속채권자나 유증받은 자에 대하
여 변제한 가액은 이미 처분한 재산의 가액에서 제외한다.

제1035조(변제기전의 채무 등의 변제)
① 한정승인자는 변제기에 이르지 아니한 채권에 대하여도 전조의 규정에 의하여
변제하여야 한다.
② 조건있는 채권이나 존속기간의 불확정한 채권은 법원의 선임한 감정인의 평가에
의하여 변제하여야 한다.

제1036조(수증자에의 변제)
한정승인자는 전2조의 규정에 의하여 상속채권자에 대한 변제를 완료한 후가 아니면
유증받은 자에게 변제하지 못한다.

제1037조(상속재산의 경매)
전3조의 규정에 의한 변제를 하기 위하여 상속재산의 전부나 일부를 매각할 필요가
있는 때에는 민사집행법에 의하여 경매하여야 한다.

다. 경매에 의한 상속채권의 변제

적극적 상속재산의 환가를 위하여 형식적 경매를 하더라도 근저당권자, 우선권이 있는 당해세 등을 제외한 일반채권자들에게는 배당이 되지 않습니다.

우선권이 없는 일반채권자에 대한 배당은 한정승인자가 청산과정을 통하여 배당하게 되므로 법원은 한정승인자의 요청에 따라 우선변제권이 있는 채권자에게 배당하고 남은 낙찰대금을 한정승인자에게 지급하게 됩니다.

이러한 낙찰대금의 수령을 위하여 한정승인자는 사전에 해당 재판부에 상속포기와 한정승인의 심판문을 첨부한 배당요청서를 제출한 후 배당일에 참석해서 배당금을 직접 수령해야 합니다.

> **대법원 2013. 9. 12. 선고 2012다33709 판결**
> 민법 제1037조에 근거하여 민사집행법 제274조에 따라 행하여지는 상속재산에 대한 형식적 경매는 한정승인자가 상속재산을 한도로 상속채권자나 유증받은 자에 대하여 일괄하여 변제하기 위하여 청산을 목적으로 당해 재산을 현금화하는 절차이므로, 그 제도의 취지와 목적, 관련 민법 규정의 내용, 한정승인자와 상속채권자 등 관련자들의 이해관계 등을 고려할 때 일반채권자인 상속채권자로서는 민사집행법이 아닌 민법 제1034조, 제1035조, 제1036조 등의 규정에 따라 변제받아야 한다고 볼 것이고, 따라서 그 경매에서는 일반채권자의 배당요구가 허용되지 아니한다고 할 것이다.

라. 채권계산서 제출의 통지

신문공고를 마친 한정승인자는 배당일을 지정해서 채권자들에게 배당일을 기준으로 하는 채권과 배당금을 송금 받을 계좌를 송부해 줄 것을 요청하는 1차 내용증명[13]으로 아래와 같은 절차를 통해 발송하게 됩니다.

내용증명 발송 방식

1. "수신" : 란에는 보낼 채권자의 주소와 상호명을 기재합니다.
2. "수신" 란을 기재했으면 같은 문서를 모두 3부씩 출력합니다.
3. 출력된 3부의 "위 발신인"란에 발신인의 도장(막도장도 무방합니다)을 날인합니다.
4. 한정승인심판문을 3부씩 복사합니다.
5. 도장을 찍은 내용증명과 복사한 한정승인심판문을 스탬플러로 찍어 한묶음씩 모두 3묶음을 만듭니다.
6. "수신자"에게 보낼 편지봉투를 만듭니다.
7. 우체국으로 가서 내용증명을 보내려고 왔다고 말합니다.
8. 그러면 우체국 직원이 내용증명 3부에 도장을 찍은 후에 1부는 자기들이 갖고 2부를 돌려줍니다.
9. 돌려받은 2부 중 1부를 위 '6.번'에서 만든 발신용봉투에 넣어서 풀로 바른 후에 우체국 직원에게 주고, 1부는 가지고 돌아오면 됩니다.

이후 반송이 되면 반송된 내용증명을 지참한 후 가까운 주민센터를 방문해서 상속채권자의 주민등록초본을 발급받아 새롭게 확인된 주소로 재차 발송하면 됩니다. 그런데 이후 다시 수취인불명 또는 이사불명 등의 이유로 반송이 되면 그때는 반송된 우편물을 보관하고 재발송하지 않아도 됩니다. 다만 폐문부재, 수취인부재 등의 원인으로 반송되면 다시 한번 발송할 필요는 있습니다.

상속채권자들이 내용증명을 받으면 각 채권계산서를 제출하게 되나 채권계산서를 제출하지 않은 채권자도 있습니다. 만일 채권자가 채권계산서를 제출하지 않으면 한정승인심판문에 기재된 채권을 기준으로 안분배당을 하면 됩니다.

---

13) 내용증명으로 발송하는 이유는 해당 통지의 내용을 확인하기 위해서입니다.

한정승인 및 청산 통지서

발　신 :　　○○○
　　　　　　　서울 마포구 .....

수　신 :

1. 귀사의 무궁한 발전을 기원하오며, 망 ◇◇◇(000000-1000000)의 상속인 ○○
   ○은 아래와 같이 상속한정승인에 의한 청산을 통지합니다.

2. 피상속인 망 ◇◇◇(000000-1000000)은 2023. 1. 31. 사망하였으며, 그의
   상속인으로는 자녀 □□□, ○○○, ◎◎◎이 있습니다. 그런데 피상속인이 사망
   한 날(상속개시일)로부터 3개월 이내인 2023. 2. 18. 자녀인 □□□과 ◎◎◎은
   2023. 4. 23.자 서울가정법원 2023느단0000 상속포기 심판의 수리를 받았습니
   다. 그리고 자녀인 ○○○은 피상속인의 재산상속을 함에 있어 상속재산목록을
   첨부하여 상속재산의 한도에서 피상속인의 채무를 변제할 것을 조건으로 상속한
   정승인을 신청하여 2023. 4. 23.자 서울가정법원 2023느단0000 상속한정승인
   을 수리 받았습니다.

3. 그리고 한정승인자인 ○○○은 청산을 위한 민법 제1032조 제2항 및 같은 제
   1037조의 규정에 따라 상속재산 중 적극재산을 아래와 같이 정리 · 환가하였습니
   다.

- 배당할 적극재산의 표시 -

순번	구분	심판문	실수령금	비고
1	서울 중구		0원	임의경매 후 배당 잉여금 없음.
2	서울		0원	임의경매 후 배당 잉여금 없음.
3	○○은행	1,075,235원	0원	대출채무와 상계
4	○○은행	4,543원	4,556원	이자 발생
5	○○은행	57,561원	57,262원	잡이익의 출금
6	○○은행	151,078원	0원	대출채무와 상계
7	○○은행	618,954원	629,269원	이자 발생
8	○○○금고	514,080원	517,323원	이자 발생
9	국세청	–	255,000원	상속개시 후 환급
	계	2,421,451원	1,463,410원	

4. 이에 한정승인자인 발신인은 귀사를 포함한 각 채권자들에게 청산일을 2023. 6. 30.로 하여 안분배당할 예정임을 알려 드립니다.

  다만 상속에 관한 비용은 상속재산 중에서 지급하는 것이고, 상속에 관한 비용이라 함은 상속재산의 관리 및 청산에 필요한 비용을 의미합니다(대법원 2003. 11. 14. 선고 2003다30968 판결). 따라서 청산을 위한 비용인 취득세, 경매비용, 신문공고, 내용증명 발송 비용 등은 배당할 상속재산으로부터 제외됩니다.

5. 그러므로 귀사는 2023. 6. 30.을 기준으로 하는 채권액의 구체적 내역을 첨부한 채권계산서와 배당을 받을 귀사 명의의 예금계좌(납부예정일: 2023. 6. 30.)를 기재하여 발신인의 주소로 2023. 5. 30.까지 송부하여 주시기 바랍니다.

  그럼에도 불구하고 만일 2023. 5. 30.까지 채권계산서가 제출되지 않는다면, 상속한정승인의 소극재산에 기재된 채권액을 기준으로 배당할 예정이오니, 이점 유념하시어 불이익이 없도록 참고하시기 바랍니다.

첨 부 서 류

1. 상속포기 심판문
1. 상속한정승인 심판문

2023. 4. .

위 발신인   ○ ○ ○   ㉑

마. 배당표의 작성

상속채권자들로부터 배당일을 기준으로 하는 채권계산서가 제출되면 해당 채권계산서
를 기준으로 우선변제권자를 제외한 상속채권자들에 관하여 민사집행법에 규정된 순
위와 방식에 따라 배당표를 작성하면 됩니다. 기본적인 배당순위는 아래와 같습니다.

- 배당순위 -

① 경매 집행 비용

② 소액임차인 최우선변제금, 근로기준법에 의한 임금(최종 3개월 임금채권, 최종 3년
   간 퇴직금, 재해보상금)

③ 당해 연도 세법에 의해 확정되는 세금(당해세) 및 가산금
   - 국세(상속세, 증여세, 재평가세 등), 지방세(재산세, 종합토지세 등)

④ 당해세 이외의 조세, (근)저당권, 전세권, 담보가등기, 확정일자 임차인 보증금
   - 시간 순서에 따라 배당

⑤ 일반 임금채권(3개월 초과 임금채권, 3년 초과 퇴직금)

⑥ 법정 기일이 근저당보다 늦은 국세, 지방세(당해세 제외)

⑦ 건강보험료, 국민연금, 산재보상보험료, 공과금 등

⑧ 일반채권, 확정일자 없는 임차보증금

그러나 실무에서 한정승인을 한 당사자가 당해세 등을 포함해서 위와 같은 순위를 일일이 알고 하는 배당하는 경우는 차지 힘듭니다. 따라서 통상 실무에서는 「국세와 지방세 ⇒ 건강보험료 ⇒ 일반 채권자」의 순서에 따라 배당하는 것이 일반적입니다.

민법 제1034조(배당변제)
① 한정승인자는 제1032조제1항의 기간만료후에 상속재산으로서 그 기간 내에 신고한 채권자와 한정승인자가 알고 있는 채권자에 대하여 각 채권액의 비율로 변제하여야 한다. 그러나 우선권있는 채권자의 권리를 해하지 못한다.
② 제1019조제3항 또는 제4항에 따라 한정승인을 한 경우에는 그 상속인은 상속재산 중에서 남아있는 상속재산과 함께 이미 처분한 재산의 가액을 합하여 제1항의 변제를 하여야 한다. 다만, 한정승인을 하기 전에 상속채권자나 유증받은 자에 대하여 변제한 가액은 이미 처분한 재산의 가액에서 제외한다.

바. 배당의 통지

모든 재산의 환가절차를 마치고 배당표가 작성된 후에는 각 상속채권자들에게 배당할 금액을 산정한 배당표가 포함된 내용증명을 발송합니다.

이때 이의제기기간을 두는 것은 만일 상속채권자들이 이의를 제기한 경우에 법원에 불확지공탁을 함으로써 혹시 모를 이의제기한 채권자의 손해배상청구 등에 의한 불이익을 피하기 위함입니다.

다만 이때 배당을 할 채권자들은 소극재산의 목록에 기재된 상속채권자, 신문공고를 한 날로부터 2개월이 지나기 전에 신고된 상속채권을 기준으로 하는 것이 아니라 배당일을 기준으로 한정승인자가 알고 있는 상속채권자를 포함합니다.

따라서 한정승인 심판문을 받고 신문공고를 하고 내용증명의 통지를 통하여 채권계산서를 받았다고 하더라도 배당일 전에 새로운 채권자가 확인되면 해당 채권자를 포함하여 다시 배당절차를 진행해야 합니다.

> **대법원 2018. 11. 9. 선고 2015다75308 판결**
> 한정승인자가 채권신고의 최고를 하는 시점에는 알지 못했더라도 그 이후 실제로 배당변제를 하기 전까지 알게 된 채권자가 있다면 그 채권자는 민법 제1034조 제1항에 따라 배당변제를 받을 수 있는 '한정승인자가 알고 있는 채권자'에 해당한다.

서식) 한정승인의 청산(배당) 통지서

한정승인의 청산(배당)통지

발 신 :　　○○○
　　　　　　서울 마포구 ....

수 신 :

1. 귀사의 무궁한 발전을 기원합니다.

2. 피상속인 ◇◇◇(000000-1000000)의 상속인으로써 2023. 4. 23.자 서울가정
   법원 2023느단0000 상속한정승인을 마친 ○○○은 2023. . . 한정승인 및
   청산통지를 내용증명 발송한 바 있습니다.

   이에 상속한정승인자인 발신인은 각 채권자들이 제출한 채권계산서와 한정승인
   의 재산목록을 기준으로 배당할 금액 1,163,410원 중 상속에 관한 비용인 2023.
   . .자 1차 내용증명 발송비용 65,040원을 공제한 1,098,370원(= 1,163,410원
   - 65,040원)에 관하여 청산일을 2023. 6. 30.자로 하여 별지와 같이 안분배당할
   예정임을 알려 드립니다.

3. 그러므로 발신인의 안분배당에 대하여 이의가 있으면 2023. 10. 31.까지 그에
   대한 소명자료를 첨부하여 이의제기하여 주시기를 바라며, 이의제기가 있는 경우
   에는 법원에 공탁할 예정임을 알려 드리오니 업무에 참고하시기 바랍니다.

　　　　첨부 1. 1차 내용증명　발송 영수증

　　　　　　　2021.　5.　.

　　　　　　위 발신인　　○　○　○　　㊞

별지

– 망 정병철의 배당내역 –

배당순위	채권자	채권액 (원)	배당비율	배당액(원)	입금계좌
1	○○카드	275,300	275,300/243,526,391	1,242	채권신고 누락
1	○○은행	10,000,000	10,000,000/243,526,391	45,103	채권신고 누락
1	○○은행	122,650,000	122,650,000/243,526,391	553,185	채권신고 누락
1	○○은행	100,375,158	100,375,158/243,526,391	452,719	○○은행 100-000-00000
1	○○○○	10,225,933	10,225,933/243,526,391	46,122	○○은행 100-000-00000
계		243,526,391		1,098,371	

사. 취득세, 재산세, 양도소득세 등의 상속재산 공제 여부

(1) 부동산의 상속에 따른 취득세

조세심판원 조심 2017.7.19. 결정 2017지0561 사건에서는 「피상속인이 사망함에 따라 청구인의 이 건 부동산에 대한 한정승인신고가 법원에 수리되었는바, 이는 청구인의 상속분에 응하여 취득할 재산의 한도에서 피상속인의 채무와 유증을 변제할 것을 조건으로 상속을 승인한 것일 뿐이고 동 신고의 수리사실이 취득세 납세의무의 성립에 영향을 미칠 수는 없다 할 것이므로 청구인은 상속개시일에 이 건 부동산에 대한 취득세 납세의무를 부담하여야 하므로 처분청이 피상속인의 사망으로 인하여 상속인인 청구인이 이 건 부동산을 취득한 것으로 보아 이 건 취득세 등을 부과한 처분은 달리 잘못이 없음.」이라고 하여 한정승인자의 취득세 납세의무를 인정하고 있습니다.

그리고 대법원 2007. 4. 12. 선고 2005두9491 판결에서도 「제1심 판시 과세대상 부동산의 소유자인 피상속인이 사망한 후 제1순위 공동상속인들이 상속포기를 하고 그 공동상속인 중 피상속인의 딸 소외인이 그의 아들로서 차순위상속인 지위에 있는 원고의 법정대리인 자격으로 한정승인을 하였다는 것인바, 그렇다면 원고는 그 한정승인의 효과로서 위 부동산을 상속에 의하여 취득하였고 위 부동산이 취득세 비과세대상을 한정적으로 규정한 지방세법 제110조 제3호 소정의 비과세대상으로서 '1가구 1주택' 또는 '자경농지'에 해당하지 아니함이 분명하므로 원고에게 위 부동산에 관한 취득세 납부의무가 있다고 본 원심의 판단은 정당하다. 원심판결에 취득세 과세대상에 관한 법리오해 등의 위법이 없으므로, 상고이유는 받아들일 수 없다.」라고 하여 한정승인자의 취득세 납세의무를 인정하고 있습니다.

그런데 대법원 2021. 5. 7. 선고 2019다282104 판결에서는 「원고가 채권자대위권을 행사하여 한정승인을 한 피고들 앞으로 이 사건 부동산에 관한 상속등기를 마치면서 지출한 취득세, 지방교육세, 농어촌특별세, 법무사보수, 공과금 등의 이 사건 비용과 관련하여, 피고들이 원고에게 이 사건 비용 중 자신의 상속지분에 해당하는 금액에 대한 비용상환채무를 부담하기는 하지만, 위 채무는 상속채무의 변제를 위한 상속재산의 청산과정에서 부담하게 된 채무로서 민법 제998조의2[14]에서 규정한 상속에 관한 비용에 해당하고, 상속인의 보호를 위한 한정승인 제도의 취지상 이러한 상속비용에 해당하는 채무에 대하여는 상속재산의 한도 내에서 책임을 질 뿐이라고 판단하였다. 원심판결 이유를 관련 법리와 기록에 비추어 살펴보면, 원심의 위와 같은 판단에 상고이유 주장과 같이 한정승인, 민법 제998조의2의 '상속에 관한 비용' 등에 관한 법리를 오해하거나, 평등원칙을 위반하는 등의 잘못이 없다.」라고 판단하였습니다[15].

---

14) 민법 제998조의2(상속비용)
   상속에 관한 비용은 상속재산 중에서 지급한다.
15) 같은 취지 조세심판원의 조심 2021광0833 (2021.05.03.)
   이 건 양도소득세 채무가 상속채무의 변제를 위한 상속재산의 처분과정에서 부담하게 된 채무로서 「민법」제998조의2에서 규정한 상속에 관한 비용에 해당하고, 상속인의 보호를 위한 한정승인 제도의 취지상 이러한 상속비용에 해당하는 조세채무에 대하여는 상속재산의 한도 내에서 책임질 뿐(부산지방법원 2017.3.31.선고 2016구합25063 판결, 같은 뜻임)이라고 볼 여지가 있음은 별론으로 하고, 청구인이 한정승인에 의하여 이 건 양도소득세 채무 자체가 청구인이 상속으로 인하여 취득할 재산의 한도로 제한된다거나 위 재산의 한도를 초과하여 한 양도소득세 부과처분이 위법하게 된다고 볼 수는 없다고 판단됨(대법원 2012.9.13.선고 2010두13630 판결, 같은 뜻임)

따라서 위와 같은 판결에 의하면 상속채권자가 적극재산인 부동산에 대한 경매를 위하여 납부한 취득세의 납부의무자는 한정승인자이지만 한정승인자의 취득세납부채무는 상속에 관한 비용으로서 상속재산에서 부담하도록 하고 있습니다.

물론 이러한 판단은 한정승인자가 직접 경매를 신청한 경우 또는 취득세 등을 납부한 사례가 아니라 상속채권자가 납부한 사안에 대한 판례이기는 하나, 상속채권자가 한정승인자가 부담하는 취득세를 대신 납부하고 한정승인자에게 구상권을 청구한 사례에 대한 판단이므로 결국 한정승인자의 채무의 부담범위에 대한 판단이라는 점에서는 다르지 않다고 하겠습니다. 따라서 위 판례를 해석하면 한정승인자의 취득세납부채무에 대한 책임재산은 상속재산이라는 점이 인정될 수 있으므로, 한정승인자는 비록 취득세 납부의무가 있으나 그 납부의무에 대한 책임재산은 상속받은 재산으로 한정된다고 할 것이므로, 상속받은 재산을 한도로 납부하면 될 것으로 보입니다.

(2) 상속개시 후 재산세

조세심판원 2020.3.10. 결정 조심 2020지0047 사건에서는 「청구인은 2014.9.17. 수원지방법원 안산지원으로부터 쟁점상속재산 등을 상속재산으로 하여 상속한정승인을 받은 점, 쟁점상속재산은 2018.10.8. 채권자인 경기신용보증재단의 대위등기에 따라 상속을 등기원인으로 하여 청구인 명의로 등기되었고, 2019년도 재산세 과세기준일(6.1.) 현재에도 청구인 명의로 등기되어 있는 점, 쟁점 상속재산이 채권자 대위등기에 의하여 청구인 명의로 등기되었다 하더라도 매각되거나 타인 명의로 이전등기 될 때까지는 청구인 소유인 것인 점 등에 비추어 이 건 부과처분은 달리 잘못이 없다고 판단됨.」라고 판단함으로써 비록 상속인이 한정승인을 신청하여 수리를 받았다고 하더라도 재산세 납세의무가 있음을 명확히 하고 있습니다.

다만 책임의 범위는 위 대법원 2021. 5. 7. 선고 2019다282104 판결의 취지에 비추어 상속재산으로 한정될 가능성도 고려해야 할 것입니다.

(3) 부동산의 상속에 따른 청산 후 양도소득세

적극재산 중 부동산이 있는 경우에는 청산을 위한 형식적 경매를 통해서 해당 부동산을 현금화하게 됩니다. 그런데 이와 같이 부동산을 경매하는 것은 입찰방식에 의한 매매이므로 매각의 결과 양도소득세가 발생할 수 있습니다.

이에 대해서 대법원 2012.09.13. 선고 2010두13630 사건에서는「한정승인 상속인들이 상속받은 부동산이 임의경매절차에 따라 강제매각된 후 매각대금이 상속채권자들에게 배당되어 상속인들에게 전혀 배당되지 않았다 하더라도 상속채무의 소멸이라는 경제적 효과를 얻었으므로 임의경매에 의한 부동산의 매각에 대하여 상속인들에게 양도소득세를 부과한 것은 적법하다.」라고 판단하여, 경매로 인한 양도차액이 발생할 경우 한정승인자에게 양도소득세 납부의무가 있음을 확인하고 있습니다.

따라서 한정승인을 한 상속인은 형식적 경매로 인한 낙찰금으로 배당을 한 후 한정승인자가 취득한 이익이 없음에도 불구하고 양도소득세 부과의무를 부담하게 됩니다.

그런데 위 판례는 이에 대해서「이 사건 양도소득세 채무가 상속채무의 변제를 위한 상속재산의 처분과정에서 부담하게 된 채무로서 민법 제998조의2에서 규정한 상속에 관한 비용에 해당하고, 상속인의 보호를 위한 한정승인 제도의 취지상 이러한 상속비용에 해당하는 조세채무에 대하여는 상속재산의 한도 내에서 책임질 뿐이라고 볼 여지가 있음은 별론으로 한다.」라고 하여, 한정승인자가 양도소득세 납부의무를 부담하나 책임의 범위에 대해서는 별도로 판단해야 한다는 취지의 판단을 하고 있습니다.

또한 대구지방법원 2018.12.19. 선고 2018구합892 사건에서는「한정승인을 한 상속인이 상속재산의 청산을 종료하는 시점에 발생하게 되는 비용, 즉 상속한 부동산이 경매절차에서 매각됨에 따라 발생하는 양도소득세는 '상속에 관한 비용' 중 청산비용에 해당하고, 상속인의 보호를 위한 한정승인제도의 취지상 이러한 상속비용에 해당하는 조세채무에 대하여는 상속재산의 한도 내에서 책임질 뿐이다. 이러한 법리에 비추어 살피건대, 이 사건 토지에 대한 양도소득세는 민법 제998조의2에서 정한 '상속에 관한 비용' 중 청산비용에 해당한다. 따라서 원고는 상속인의 보호를 위한 한정승인제도의 취지상 이러한 상속에 관한 비용에 해당하는 조세채무에 대하여는 상속재산의 한도 내에서만 책임진다.」라고 하여 양도소득세 납부의무는 발생하나 그 책임은 상속받은 재산의 한도에서 부담한다고 판단하고 있습니다.

따라서 피상속인의 사망으로 부동산이 상속되고 상속인들이 한정승인을 한 경우에 한정승인의 여부와 무관하게 상속재산인 부동산의 상속으로 인한 취득세의 납부의무자는 상속인이 되나 한정승인을 한 경우에는 해당 취득세를 상속에 관한 비용에 산입하여 상속받은 재산의 범위 내에서 납부를 하면 될 것입니다.

또한 한정승인을 상속인이 청산을 위하여 상속받은 부동산을 경매함으로써 양도소득이 발생하고 이로 인하여 양도소득세 납부의무가 발생한 경우에도 취득세와 마찬가지로 처리된다고 할 것입니다.

8. 상속포기와 한정승인의 심판 수리의 효력

가. 상속포기와 한정승인 심판 수리의 형식적 효력

법원은 한정승인 심판문이 수리된 것에 관하여 「가정법원의 한정승인신고수리의 심판은 일응 한정승인의 요건을 구비한 것으로 인정한다는 것일 뿐 그 효력을 확정하는 것이 아니고 상속의 한정승인의 효력이 있는지 여부의 최종적인 판단은 실체법에 따라 민사소송에서 결정될 문제이다(대법원 2006. 2. 13. 자 2004스74 결정).」라고 판단하고 있습니다.

따라서 상속인이 한정승인을 신청하고 심판수리의 결과를 받았다고 하더라도, 그러한 심판의 수리는 형식적 효력만이 있을 뿐 해당 한정승인이 유효하다는 것까지 판단하는 것은 아닙니다.

한정승인의 심판 수리는 해당 상속인이 민법에서 정한 기간 안에 한정승인을 신청하였고, 형식적인 요건을 다 갖추었다는 사실만을 확인해 줄 뿐입니다.

나. 실체법에 따라 확정되는 상속포기와 한정승인의 효력

앞서 본 바와 같이 대법원 2006. 2. 13. 자 2004스74 결정에서는 「상속의 한정승인의 효력이 있는지 여부의 최종적인 판단은 실체법에 따라 민사소송에서 결정될 문제이다」라고 판시하고 있습니다.

따라서 한정승인을 받았다고 하더라도 후에 피상속인의 채권자 중 일부가 민사소송을 통해서 한정승인자가 민법 제1026조에서 규정하고 있는 단순승인으로 의제되는 사항에 한정승인자가 해당한다는 사실을 입증하면 해당 상속인의 한정승인은 무효가 되고, 법정상속분에 해당하는 채무를 변제할 의무가 발생합니다.

실제 피상속인이 생전에 자신의 소유하던 부동산을 제3자에게 매각하는 부동산 매매계약을 체결한 후 매매대금을 다 지급받지 못하고 사망하자 일부 상속인이 매수인에게 나머지 매매대금을 지급받았으면서도 이를 상속재산에 기입하지 않은 사안에서 해당 상속인의 한정승인을 무효라고 판단하였습니다(대법원 2010. 4. 29. 선고 2009다849 36 판결 참조).

> ### 대법원 2010. 4. 29. 선고 2009다84936 판결
> 피고 1이 피고들의 이 사건 상속포기 또는 한정승인 신고가 있기 전에 여러 차례에 걸쳐 소외 3에게 위에서 본 바와 같은 위 망인의 부동산 매수사실 여부를 묻고 확인하는 내용의 통고서를 보낸 사실, 피고 3은 위 한정승인신고를 한 직후인 2006. 10.경 위 부동산 매매사실을 확인하고, 소외 3의 미지급 매매잔대금을 1억 4,000만 원으로 정산하기로 합의한 사실, 피고 3의 <u>위 한정승인신고서에 첨부된 재산목록에는 위 매매대금채권이 기입되어 있지 않았던 사실</u> 등을 인정한 다음, 이에 비추어 피고 3은 위 한정승인신고를 할 당시에 위 망인의 소외 3에 대한 매매대금채권이 있다는 사실을 알았으면서도 <u>고의로 이를 재산목록에 기입하지 아니하였다고 봄이 상당하고, 따라서 피고 3은 단순승인한 것으로 간주되었다는 취</u>지로 판단하였는바, 위 법리와 기록에 비추어 이러한 원심의 판단은 정당한 것으로 수긍이 가고, 거기에 상고이유로 주장하는 바와 같은 법리오해 또는 채증법칙 위반 등의 위법이 없다.

다만 실무에서는 예외적인 경우 외에는 채권자들에 의해서 한정승인의 무효의제에 관한 주장이 제기되지 않고 있으므로, 일반적으로 한정승인의 심판수리를 받으면 그 자체로 유효한 것으로 생각하기도 합니다.

다. 단순승인

(1) 상속포기와 한정승인 전과 후의 기준

민법 제1026조에서는 「다음 각호의 사유가 있는 경우에는 상속인이 단순승인을 한 것으로 본다.」라고 하면서, 제1호에서는 「상속인이 상속재산에 대한 처분행위를 한 때」라고 규정하고, 제3호에서는 「상속인이 한정승인 또는 포기를 한 후에 상속재산을 은닉하거나 부정소비하거나 고의로 재산목록에 기입하지 아니한 때」라고 규정하고 있습니다.

그리고 법원은 이중 제1호에 관하여 「민법 제1026조 제1호는 상속인이 상속재산에 대한 처분행위를 한 때에는 단순승인을 한 것으로 본다고 규정하고 있다. 그런데 상속의 한정승인이나 포기의 효력이 생긴 이후에는 더 이상 단순승인으로 간주할 여지가 없으므로, 이 규정은 한정승인이나 포기의 효력이 생기기 전에 상속재산을 처분한 경우에만 적용된다(대법원 2016. 12. 29. 선고 2013다73520 판결 참조).」라고 함으로써, 처분행위에 의한 단순승인의 의제는 한정승인의 효력이 생기기 전의 처분행위를 의미한다고 판단하고 있습니다.

그리고 제3호에서는 명문상 「상속인이 한정승인 또는 포기를 한 후에」라고 규정하고 있으므로, 제3호의 규정에 의한 단순승인의 의제는 한정승인의 효력이 발생한 후의 행위를 의미합니다.

따라서 한정승인의 효력에 대한 전과 후의 기준에 따라 단순승인에 해당하는 시기가 결정된다고 할 것입니다.

만일 한정승인이 상대방이 없는 단독행위16)이므로 법원에 한정승인을 신청함으로써 즉시 효력이 발생하고 법원의 심판 수리는 이를 확인하는 것에 불과하다면, 상속인은 한정승인의 신청 후 곧바로 피상속인의 예금출금, 임대보증금의 수령 등의 행위를 할 수 있고, 단지 이에 대한 은닉, 부정소비, 고의 누락만이 문제가 될 뿐입니다.

반면에 법원이 한정승인을 심판을 수리한 날 또는 한정승인자가 심판문을 수령한 날을 기준으로 한다면, 한정승인을 신청한 상속인이 심판의 수리 또는 심판문의 수령일 이전에 한 피상속인의 예금 출금, 임대보증금 수령 등의 행위는 단순승인으로 의제됩니다.

이에 대해서 법원은 「상속의 한정승인이나 포기는 상속인의 의사표시만으로 효력이 발생하는 것이 아니라 가정법원에 신고를 하여 가정법원의 심판을 받아야 하며, 심판은 당사자가 이를 고지받음으로써 효력이 발생한다. … 따라서 상속인이 가정법원에 상속 포기의 신고를 하였더라도 이를 수리하는 가정법원의 심판이 고지되기 이전에 상속재산을 처분하였다면, 이는 상속포기의 효력 발생 전에 처분행위를 한 것이므로 민법 제1026조 제1호에 따라 상속의 단순승인을 한 것으로 보아야 한다(대법원 2016. 12. 29. 선고 2013다73520 판결 참조).」라고 판단하고 있습니다.

그러므로 이러한 법리에 의하면, 단순승인의 의제가 되는 민법 제1026조 중 처분행위를 담고 있는 제1호는 한정승인을 신청한 상속인이 심판문을 수령하기 전에 적용되고, 은닉, 부정소비, 고의누락에 관한 제3호의 규정은 심판문을 수령한 후에 적용된다는 것을 알 수 있습니다.

---

16) 서울중앙지방법원 2008. 10. 10. 선고 2007가단433075 판결
    상속포기는 자기를 위하여 개시된 상속의 효력을 상속개시시에 소급하여 확정적으로 소멸시키는 단독의 의사표시로서 일신전속적인 신분법상의 법률행위에 해당한다.

(2) 상속포기와 한정승인 전 처분행위

(가) 처분행위

우리 민법 제1026조에서는 「다음 각호의 사유가 있는 경우에는 상속인이 단순승인을 한 것으로 본다.」라고 규정한 후 제1호로 「상속인이 상속재산에 대한 처분행위를 한 때」라고 정하고 있습니다.

그리고 대법원 2010. 4. 29. 선고 2009다84936 판결에서는 「피고 1이 소외 2에게서 1,000만 원을 받은 것은 위 망인의 소외 2에 대한 손해배상채권을 추심하여 변제받은 것으로서 상속재산의 처분행위에 해당하고, 그것으로써 피고 1은 단순승인을 한 것으로 간주되었다고 할 것이므로 그 이후에 피고 1이 한 상속포기는 그 효력이 없다고 할 것이다.」라고 함으로써, 상속인이 상속포기 전에 피상속인의 채무자에게 접근하여 피상속인이 받을 돈의 지급을 추궁하여 이를 받은 행위는 그 자체로 상속재산의 처분행위에 해당하여 그 후에 한 상속포기는 효력이 없다고 판단하고 있습니다.

물론 위 판례에서는 다른 상속인인 피고 2에 대해서 "피고 2가 상속포기신고를 한 이후에 소외 3에게서 1,000만 원을 교부받아 상속의 한정승인신고를 함으로써 상속인의 지위에 있던 피고 3의 계좌에 입금한 것은 상속재산을 관리한 것에 지나지 아니하고 이를 가리켜 피고 2가 상속재산의 가치를 상실시켰다거나 고의로 상속재산을 은닉한 경우에 해당한다고는 볼 수 없으므로 피고 2의 상속포기는 유효하다."라고 함으로써 피고 2가 상속포기를 신청하고 아직까지 심판문을 수령하지 않아 효력이 발생하기 전인 상태에서 상속채무자로 부터 받은 돈을 피고 1로부터 전달받아 다시 다른 상속인인 피고 3에게 지급한 중간전달자의 역할을 한 행위는 민법 제[1026조 제1항에서 정하고 있는 상속재산의 처분행위가 아니라 단순한 관리행위에 불과하므로 피고 2의 상속포기는 유효하다고 판단하고 있습니다.

이 판례는 상속포기자가 심판문을 수령하기 전에 상속재산에 대한 처분행위를 한 경우에 단순승인으로 간주되는 일부 사례를 기재하고 있으나 이러한 점은 한정승인을 하는 경우에도 마찬가지로 적용된다고 하겠습니다.

따라서 상속포기나 한정승인 전에 상속재산에 대한 처분행위가 있다면 그 자체만으로 단순승인이 되므로, 상속재산의 처분행위는 주의해야 할 것입니다.

특히 부동산의 등기를 변경하거나 차량을 폐차 내지는 명의를 변경하는 것은 등기부와 차량의 등록원부가 제3자에게 소유권과 권리관계의 변동을 공시하는 효력을 갖게 되므로 제3자의 상속인에 대한 신뢰의 보호를 위하여 처분행위 자체를 단순승인으로 보고 있으므로, 만일 한정승인 또는 상속을 포기하고자 한다면 심판문을 수리하기 전에는 피상속인의 사망 당시의 상태로 유지하도록 해야 할 것입니다.

민법

제1044조(포기한 상속재산의 관리계속의무)
① 상속을 포기한 자는 그 포기로 인하여 상속인이 된 자가 상속재산을 관리할 수 있을 때까지 그 재산의 관리를 계속하여야 한다.
② 제1022조와 제1023조의 규정은 전항의 재산관리에 준용한다.

1022조(상속재산의 관리)
상속인은 그 고유재산에 대하는 것과 동일한 주의로 상속재산을 관리하여야 한다. 그러나 단순승인 또는 포기한 때에는 그러하지 아니하다.

제1023조(상속재산보존에 필요한 처분)
① 법원은 이해관계인 또는 검사의 청구에 의하여 상속재산의 보존에 필요한 처분을 명할 수 있다.
② 법원이 재산관리인을 선임한 경우에는 제24조 내지 제26조의 규정을 준용한다.

(나) 상속재산분할협의

법정단순승인을 규정하고 있는 민법 제1026조 1.호에서는 「상속인이 상속재산에 대한 처분행위를 한 때」라고 하고 있습니다.

그리고 상속재산분할협의에 관하여 「상속인중 1인이 다른 공동재산상속인과 협의하여 상속재산을 분할한 때는 민법 제1026조 제1호에 규정된 상속재산에 대한 처분행위를 한 때에 해당되어 단순승인을 한 것으로 보게 되어 이를 취소할 수 없는 것이므로 그 뒤 가정법원에 상속포기신고를 하여 수리되었다 하여도 포기의 효력이 생기지 않는다 (대법원 1983. 6. 28. 선고 82도2421 판결).」라고 함으로써, 상속재산분할협의를 상속 재산의 처분행위라고 판단하고 있습니다.

따라서 상속포기 또는 한정승인의 심판문 수령 전에 상속재산분할협의서를 작성하는 것은 상속재산의 처분행위에 해당합니다.

다만 「상속인 갑이 상속포기 신고를 하였는데, 나머지 공동상속인들이 위 신고가 수리되면 갑은 처음부터 상속인에 해당하지 않는다고 생각하여, 상속포기 신고를 한 날 갑을 제외한 채 상속재산분할협의를 한 사안에서, 상속포기가 사해행위취소의 대상이 될 수 없고, 설령 갑이 상속재산분할협의에 참여하여 당사자가 되었더라도 협의 내용이 갑의 상속포기를 전제로 상속재산에 대한 권리를 인정하지 아니하는 것으로서 같은 날 행하여진 갑의 상속포기 신고가 그 후 수리됨으로써 상속포기의 효과가 적법하게 발생한 이상 이를 달리 볼 것이 아니다(대법원 2011. 6. 9. 선고 2011다29307 판결).」 라는 판결에 의하면, 상속재산분할협의를 했다고 하더라도 상속포기를 전제로 한 것이라면 처분행위에 해당하지 않는다고 할 것입니다.

(다) 상속재산에 대한 처분행위와 특별한정승인

특별한정승인은 상속포기 또는 한정승인을 신청할 수 있는 기간이 경과된 후 상속채권자로부터 상속채무의 변제를 요구받았을 때, 신청하는 것이 일반적입니다.

그런데 특별한정승인에 대해서 규정하고 있는 민법 제1019조 3.항에서는 「제1항에도 불구하고 상속인은 상속채무가 상속재산을 초과하는 사실(이하 이 조에서 "상속채무 초과사실"이라 한다)을 중대한 과실 없이 제1항의 기간 내에 알지 못하고 단순승인(제1026조제1호 및 제2호에 따라 단순승인한 것으로 보는 경우를 포함한다. 이하 이 조에서 같다)을 한 경우에는 그 사실을 안 날부터 3개월 내에 한정승인을 할 수 있다.」라고 규정하고 있습니다. 그리고 민법 제1019조 3.항에서 단순승인 사유로 인용하고 있는 민법 제1026조 제1호에서는 「상속인이 제1019조제1항의 기간 내에 한정승인 또는 포기를 하지 아니한 때」라고 규정하고 있습니다.

따라서 이러한 민법 제1026조 제1호의 규정에 의하여 상속재산에 대한 처분행위로 인하야 단순승인이 된 상속인이라고 하더라도 같은 제1019조 3.항의 규정에 따른 특별한정승인을 신청할 수 있습니다.

즉, 피상속인의 사망 후 상속포기나 한정승인의 신청 전에 상속재산에 대한 처분행위를 했다고 하더라도 해당 상속인이 중대한 과실 없이 처분행위 이전에 피상속인의 상속채무가 상속재산보다 많은 사실을 알지 못하다가 그 후에 안심상속원스톱서비스의 회신 결과 또는 상속채권자의 통지에 의하여 상속채무가 상속재산보다 더 많은 것을 알게 된 경우에는 그 때로부터 3개월 안에 한정승인을 신청할 수 있습니다.

다만 처분행위를 했다고 하더라도 이를 법원에 알리지 않고 상속재산목록을 작성하여 일반한정승인을 받을 수 있으나, 후에 이러한 사실이 소송과정에서 확인되면 상속재산의 처분행위와 더불어 상속채권자를 해할 의사로 상속재산을 은닉, 고의 누락 부정소비한 경우에 해당하여 단순승인으로 간주되고 이와 같이 단순승인으로 간주된 후에는 다시 특별한정승인을 신청하거나 주장사실을 변경할 수 없으므로 한정승인의 수리 전에 상속재산에 대한 처분행위를 한 경우에는 중대한 과실이 없이 상속채무가 상속재산보다 더 많은 사실을 알지 못한 사실을 증명하여 특별한정승인을 신청하는 것이 합당하다고 할 것입니다.

(라) 상속포기 및 한정승인의 수리 전 상속예금의 출금

피상속인이 사망한 후 상속포기 또는 한정승인의 심판이 수리되기 전에 상속인이 상속예금으로부터 출금하는 행위는 해당 상속인이 피상속인의 상속인 지위에서 금융기관을 상대로 예금반환청구권을 행사한 것이므로 민법 제1026조 1호에서 규정하고 있는 '상속재산에 대한 처분행위'에 해당하여 후에 법원으로부터 심판청구가 수리된다고 하더라도 단순승인으로 인정될 수 있습니다.

그런데 민법 제1044조 1.항에서는 「상속을 포기한 자는 그 포기로 인하여 상속인이 된 자가 상속재산을 관리할 수 있을 때까지 그 재산의 관리를 계속하여야 한다.」라고 하고 있으며 2.항에서는 「제1022조와 제1023조의 규정은 전항의 재산관리에 준용한다.」라고 규정하고 있습니다. 그리고 민법 제1022조에서는 「상속인은 그 고유재산에 대하는 것과 동일한 주의로 상속재산을 관리하여야 한다. 그러나 단순승인 또는 포기한 때에는 그러하지 아니하다.」라고 규정하고 있습니다. 따라서 상속을 포기한 상속인은 상속포기로 인하여 다른 사람이 상속인이 될 때까지 상속재산에 대한 관리의무를 부담하게 되나, 그 정도는 자신의 재산과 동일한 수준이 아닌 선량한 관리자의 주의의무라고 볼 수 있습니다.

그리고 이와 같은 상속포기자에 관하여 법원은 「상속인은 가정법원의 상속포기신고 수리 심판을 고지받을 때까지 민법 제1022조에 따른 상속재산 관리의무를 부담한다(대법원 2021. 9. 15. 선고 2021다224446 판결).」라고 판단하고 있습니다.

그런데 한편으로는 장례비에 관하여 「상속에 관한 비용은 상속재산 중에서 지급하는 것이고(민법 제998조의2), 상속에 관한 비용이라 함은 상속재산의 관리 및 청산에 필요한 비용을 의미하는바, 장례비용도 피상속인이나 상속인의 사회적 지위와 그 지역의 풍속 등에 비추어 합리적인 금액 범위 내라면 이를 상속비용으로 보아야 한다(대법원 2003. 11. 14. 선고 2003다30968 판결).」라고 판단하고 있습니다. 그러므로 이와 같은 법리에 의하면 장례비가 상속재산의 청산에 필요한 비용이 아닌 이상 관리에 필요한 재산으로 볼 수 있습니다.

그렇다면 상속포기 신청 전 또는 신청하였으나 수리되기 전에 피상속인의 예금에서 일부금액을 출금했다고 하더라도 해당 금액을 장례비로 사용하였다면 이는 상속재산에 대한 처분행위가 아니라 관리행위로 볼 수 있습니다.

그리고 상속포기한 상속인에 대한 단순승인 여부가 쟁점이었던 일부 하급심에서도「합리적인 범위 내의 장례비용은 민법 제998조의2에 따라 원래 상속재산 중에서 지급할 수 있는 것으로서 이는 민법 제1026조에서 말하는 상속재산의 처분 내지 부정소비 행위에 해당하는 것으로 볼 여지가 없다(울산지방법원 2018. 3. 29. 선고 2017가단16791 판결).」라고 판단하였고, 위 하급심은 그대로 확정이 되었습니다.

그러므로 이와 같은 법리에 의하면 특별한정승인의 여부와 무관하게 상속포기를 신청하기 전 또는 상속포기를 신청하였으나 심판이 수리되기 전에 피상속인의 예금으로부터 일부금을 출금했다고 하더라도 그 비용을 상속에 관한 비용이 장례비로 사용했다면 이러한 행위는 단순승인에 대해서 규정하고 있는 민법 제1026조 1항의 '상속재산에 대한 처분행위'가 아니라 민법 제1044조 1항에 뜬른 관리의무의 이행에 불과하므로 해당 상속인의 상속포기는 유효하다고 판단됩니다.

(마) 상속채무의 변제
그런데 이러한 처분행위 중 상속인이 피상속인의 소극재산 즉 상속채무를 변제하는 것을 처분행위로 볼 수 있는지의 여부가 문제가 될 수 있습니다. 이에 대해서 대구고등법원 2015나1735 사건에서는 「여기서 '처분행위'는 '상속채권자 또는 다른 상속인에게 손해를 가하는 행위'를 의미한다고 보아야 하므로, 상속인이 자신의 고유재산으로 상속채무를 변제하는 행위와 같은 행위는 여기에 해당하지 아니한다.」라고 판단하고 있습니다.

따라서 상속포기 또는 한정승인을 신청하기 전 또는 신청한 후라도 심판문을 받기 전에 상속재산에 대한 처분행위를 하게 되면 단순승인으로 간주되나 상속인이 자신의 부담으로 피상속인의 상속채무를 변제하는 것은 단순승인 사유에 해당하지 않습니다.

(바) 상속포기 또는 한정승인 후의 처분행위

민법에서는 법정단순승인의 이유로 1026조 1.호에서는 '상속인이 상속재산에 대한 처분행위를 한 때'라고 하고 있으며, 3.호로 '상속인이 한정승인 또는 포기를 한 후에 상속재산을 은닉하거나 부정소비하거나 고의로 재산목록에 기입하지 아니한 때'라고 규정하고 있습니다.

따라서 법정단순승인 사유는 상속포기와 한정승인의 심판문 수령 전에 상속재산에 대한 처분행위를 하는 경우, 심판문을 수령한 후에 상속재산을 은닉하거나 부정소비하거나 고의로 재산목록에 기입하지 아니하는 경우이므로, 상속포기 또는 한정승인의 심판문을 수령한 후 상속재산에 대한 처분행위는 단순승인의 사유에 해당하는 않습니다.

이에 대해서 법원은 「민법 제1026조 제1호는 상속인이 한정승인 또는 포기를 하기 이전에 상속재산을 처분한 때에만 적용되는 것이고, 상속인이 한정승인 또는 포기를 한 후에 상속재산을 처분한 때에는 그로 인하여 상속채권자나 다른 상속인에 대하여 손해배상책임을 지게 될 경우가 있음은 별론으로 하고, 그것이 같은 조 제3호에 정한 상속재산의 부정소비에 해당되는 경우에만 상속인이 단순승인을 한 것으로 보아야 한다(대법원 2010. 4. 29. 선고 2009다84936 판결).」라고 함으로써, 상속포기 또는 한정승인 후에 상속재산을 처분한 경우에는 손해배상이 문제될 뿐 이를 단순승인으로 볼수 없다고 판단하고 있습니다. 물론 해당 상속인이 자신이 처분한 상속재산을 청산대상으로 하지 않고 취득해서 임의로 소비하는 경우에는 해당 행위를 상속채권자에 대한사해행위로 보고 단순승인의 여지가 있음은 당연하므로, 상속재산에 대한 처분행위로취득한 금원을 배당하게 되면 아무런 문제가 없습니다.

(3) 상속재산을 은닉하거나 부정소비하거나 고의로 재산목록에 기입하지 아니한 때

민법 제1026조의 3.호로 「상속인이 한정승인 또는 포기를 한 후에 상속재산을 은닉하거나 부정소비하거나 고의로 재산목록에 기입하지 아니한 때」라고 규정하고 있습니다.

그리고 이와 같은 규정에 대해서 「법정단순승인에 관한 민법 제1026조 제3호의 '상속재산의 은닉'이라 함은 상속재산의 존재를 쉽게 알 수 없게 만드는 것을 뜻하고, '상속재산의 부정소비'라 함은 정당한 사유 없이 상속재산을 써서 없앰으로써 그 재산적 가치를상실시키는 것을 의미한다(대법원 2004. 3. 12. 선고 2003다63586 판결).」라고 하고,「법정단순승인 사유인 민법 제1026조 제3호 소정의 '고의로 재산목록에 기입하지 아니한 때'라는 것은 한정승인을 함에 있어 상속재산을 은닉하여 상속채권자를 사해할 의사로써 상속재산을 재산목록에 기입하지 않는 것을 의미한다(대법원 2003. 11. 14. 선고2003다30968 판결).」라고 판단하고 있습니다.

따라서 이와 같은 법리에 의하면, 상속포기 또는 한정승인의 심판문을 수리했다고 하더라도 상속재산을 부정소비하거나 채권자를 사해할 의사로 은닉하거나 상속재산과 채무를 알고 있음에도 불구하고 이를 고의로 재산목록에 기재하지 않은 경우에는 무효가된다고 할 것입니다.

이러한 상속포기와 한정승인이 무 한 후에 단순승인이 되는 사유는 상속채권자를 사해할 의사로 정당한 사유 없이 상속재산의 재산적 가치를 상실하게 할 목적으로 상속재산의 재산목록에 기입하지 않는 것을 의미하는 것으로 볼 수 있습니다.

또한 위 판례는 '상속재산의 재산적 가치를 상실시키는 것을 의미한다.'라고 기재하고 있으나, 감소시키는 행위도 포함된다고 볼 것입니다.

그런데 상속포기 심판문의 경우 재산목록을 작성할 의무가 없고 실제로 제출되지도 않습니다. 따라서 상속포기 또는 한정승인의 심판문을 수령한 후 단순승인이 되는 사유는 재산목록을 작성하는 한정승인자에게만 해당한다고 할 것입니다.

9. 피상속인이 외국인 경우의 한정승인과 상속포기

원칙적으로 상속은 피상속인의 국적에 따른 준거법에 의합니다. 따라서 피상속인이 미국시민권자인 경우에는 해당 주법에 따르게 됩니다. 그런데 한국인의 국적에서 미 시민권자 등으로 국적이 변경되어 사망할 당시에는 외국인이었으나 한국에 채무가 있는 경우에 해당 피상속인의 상속인들이 민법 제1019조의 규정에 따른 한정승인이나 상속 포기를 통하여 피상속인의 채무가 상속되는 것을 방지할 수 있는지의 여부가 문제가 될 수 있습니다.

그런데 국제사법 제2조 제1항에 따르면「법원은 당사자 또는 분쟁이 된 사안이 대한민국 과 실질적 관련이 있는 경우에 국제재판관할권을 가진다. 이 경우 법원은 실질적 관련의 유무를 판단함에 있어 국제재판관할 배분의 이념에 부합하는 합리적인 원칙에 따라야 한다.」라고 하면서, 같은 법 제17조 1.항에서는「법률행위의 방식은 그 행위의 준거법 에 의한다.」라고 규정하고 있습니다(한정승인과 상속포기에 관한 국제사법 규정은 첨부 참조).

그리고 분쟁의 발생지가 국내이고 상속채권자가 국내인 또는 국내에 본점을 둔 한국법 인이고 대한민국의 법원에 소송이 제기되었거나 제기될 예정이라면 피상속이의 사망 을 원인으로 발생하게 되는 각 채권채무의 관계에 대한 정리와 해결을 위하여 대한민국 법원에서 망인에 대한 한정승인과 상속포기를 심판하는 것이 합리적입니다.

뿐만 아니라 우리 법원은「가정법원의 한정승인신고수리의 심판은 일응 한정승인의 요건을 구비한 것으로 인정한다는 것일 뿐 그 효력을 확정하는 것이 아니고 상속의 한정승인의 효력이 있는지 여부의 최종적인 판단은 실체법에 따라 민사소송에서 결정 될 문제이다(대법원 2006.02.13. 자 2004스74 결정).」라고 설시하고 있습니다.

따라서 피상속인이 시민권자라고 하더라도 국내에 채무가 있어서 한정승인 또는 상속 포기가 필요한 경우에는 사망증명서와 번역본을 첨부하여 한정승인 또는 상속포기를 신청함으로써 상속채무를 정리할 수 있다고 할 것입니다.

심판문 1) 피상속인이 시민권자인 시민권자의 상속포기

서 울 가 정 법 원
심 　 판

사 　 건　2016느단12345 상속포기
청 구 인　1. XXX(561212-1234567)
　　　　　　　주소 XX시 XX구 XXX12번길 12-34 (XX동)

　　　　　　2. XXX(1985년 12월 12일생, 남)
　　　　　　　주 소 미합중국 앨라바마주 XX XXXX루프 123
　　　　　　　(123 XXX XXX Loop, XXX, AL, USA)

피상속인　망 XXX (281212-1234567)
　　　　　　2016. 1. 12. 사망
　　　　　　최후주소 미합중국 캘리포니아주 XXXX시 XXX3가 123, 310호
　　　　　　(123 XXX 3rd Street #1234, XXXXX, CA, USA)

주 　 문

청구인들이 피상속인 망 XXX의 재산상속을 포기하는 2016. 8. 12.자 신고는 이를
수리 한다.

이 　 유

이 사건 청구는 이유 있으므로 주문과 같이 심판한다.

2026. 11. 28.
판사　X X X (인)

서 울 가 정 법 원
심   판

사   건   2016느단12346 상속한정승인

청 구 인   XXX(341212-2234567)

　　　　　주소 미합중국 캘리포니아주 XXXX시 XXX3가 123, 310호

　　　　　　　(123 XXX 3rd Street #1234, XXXXX, CA, USA)

피상속인   망 XXX (281212-1234567)

　　　　　2016. 1. 12. 사망

　　　　　최후주소 미합중국 캘리포니아주 XXXX시 XXX3가 123, 310호

　　　　　　　(123 XXX 3rd Street #1234, XXXXX, CA, USA)

주   문

청구인들이 피상속인 망 XXX의 재산상속을 함에 있어 별지 상속재산목록을 첨부하여서 한 2016. 8. 12.자 한정승인 신고는 이를 수리한다.

이   유

이 사건 청구는 이유 있으므로 주문과 같이 심판한다.

　　　　　　　　　　2026. 11. 28.

　　　　　　　　　　판사   X X X (인)

상 속 재 산 목 록

1. 적극재산

　가. 부동산 : 없음.

　나. 자동차 : 없음.

　다. 유체동산 : 없음.

　라. 예금 :

　　① XX은행 (123-45-67-89-101) 25,791원

2. 소극재산

　가. 대줄금 :

　　① XX자산관리공사 6,609,853,200원

　나. 기타채무

　　① 망인의 사망으로 인해 발생되어진 상속인이 알 수 없는 망인 개인의 사채, 대출, 카드 및 현 시점에서 연체로 인해 발생하는 각 대출, 카드, 사채 등 이자 부분 일체.

　　② 이하, 상속인이 알지 못하는 망인 개인소유의 국세, 지빙세, 등 일체의 상속채무와 기간이 가산되어 발생하는 이자 일체.

10. 채권자와의 관계

가. 피상속인의 채권자가 상속인들은 상대로 한 소송의 대응

(1) 최우선순위 상속인들의 대응

피상속인이 생전에 채무를 부담하다가 사망하게 되면 가족들은 한정승인이나 상속포기를 하게 됩니다. 그런데 상속채권자는 피상속인의 사망사실을 알지 못하여 피상속인을 상대로 소송을 제기하게 됩니다. 그러나 피상속인이 이미 사망하여 소장 부본을 송달받을 수 없으므로 해당 소장 부본은 송달되지 않고 법원은 원고인 상속채권자에게 피고인 피상속인이 소장 부본을 받을 수 있는 주소를 제출하라는 주소보정명령을 하게 됩니다.

이에 상속채권자는 피상속인의 주민등록초본을 발급받아 비로소 피상속인이 사망한 사실을 알게 됩니다.

그 후 상속채권자는 법원에 피상속인의 상속인으로 피고당사자를 변경할 목적으로 피상속인의 기본증명서, 가족관계증명서, 피상속인의 배우자와 자녀들에 대한 주민등록초본의 발급을 명하는 보정명령을 해 주기를 요청합니다. 그 후에 법원의 보정명령을 받아 피상속인의 상속인들을 확인한 후 해당 상속인들을 상대로 피고를 변경하게 됩니다.

이와 같은 피고의 변경으로 인해서 피상속인의 상속인들은 상속채권자의 소장 부본을 받게 되고 비로소 자신들이 해당 소송의 피고가 되었음을 알게 됩니다.

이 경우 상속인들이 이미 상속포기와 한정승인을 마친 상태였다면 그 사실을 기재한 답변서를 제출하면 되고, 그때까지 상속포기와 한정승인을 하지 않았다면 특별한정승인을 신청하고 접수증을 제출한 후에 특별한정승인의 신청이 수리되면 심판문을 제출할 것을 요청하면 됩니다.

먼저 상속인들이 상속포기 또는 한정승인 전에 피상속인의 채권자가 소송을 제기해서 상속인들 명의로 변경된 소장 부본을 송달받은 경우에는 아래와 같은 답변서를 제출하면 됩니다.

서식 1) 답변서 : 상속인 전원이 한정승인을 한 경우

답 변 서

사　　건　　2023가소XXX　상속채무금
원　　고　　XX카드 주식회사
피　　고　　은XX 외 2명

　위 사건에 관하여 피고들은 다음과 같이 답변서를 제출합니다.

청구취지에 대한 답변

1. 원고의 청구를 기각한다.
2. 소송비용은 각자 부담한다.
라는 판결을 구합니다.

청구원인에 대한 답변

1. 원고는 채무자인 망 김XX(이하 '피상속인'이라고만 합니다)의 사망에 따라 2023. 11. 5. 청구취지 및 청구원인변경신청서를 통하여 최우선순위 상속인인 피고들에 대한 청구를 하고 있습니다.

2. 그런데 민법 제1028조에서는 「상속인은 상속으로 인하여 취득할 재산의 한도에서 피상속인의 채무와 유증을 변제할 것을 조건으로 상속을 승인할 수 있다.」고 규정 하고 있습니다.

　이에 피고들은 피상속인이 사망한 2023. 5. 10.로부터 3개월 이내인 2023. 7. 28. 서울가정법원 2023느단XXX 상속한정승인심판을 신청하여 2023. 9. 14. 수리를 받았습니다[을 제1호증 '한정승인 심판문' 참조].

그렇다면 한정승인이 수리된 피고들은 피상속인으로부터 상속받은 재산의 범위 내에서 원고에 대한 채무를 포함한 상속채무를 변제하면 될 것입니다.

3. 피고들의 원고에 대한 채무는 피고들의 채무가 아니라 피상속인의 채무이고, 피고들은 피상속인의 채무로 많은 고통을 받고 있습니다.

   그러하오니 피고들에 대한 소송비용은 각자 부담하는 것으로 선고하여 주시기 바랍니다.

입 증 방 법

1. 을 제1호증   한정승인 심판문

2023.   11.   20.

위 피고   1. 은XX   (인)
   피고   2. 김XX   (인)
   피고   3. 김XX환
위 피고3. 김XX은 미성년자이므로
법정대리인 친권자 모 은XX   (인)

서울북부지방법원 민사XX단독   귀중

서식 2) 답변서 : 상속인 전원이 상속포기를 한 경우

답 변 서

사　　건　　2023가단XXX　구상금 청구의 소
원　　고　　XXXX보험 주식회사
피　　고　　김XX외 2

위 사건에 관하여 피고1. 김XX, 피고2. 박XX, 피고3. 박은 다음과 같이 답변서를
제출합니다.

청구취지에 대한 답변

1. 원고의 청구를 기각한다.
2. 소송비용은 원고가 부담한다.
라는 판결을 구합니다.

청구원인에 대한 답변

1. 원고는 채무자인 망 박XX의 사망으로 인하여 최순위 상속인들인 망 박XX의
   배우자인 피고1. 김XX, 자녀들인 피고2. 박XX, 피고3. 박XX을 피고당사자로
   하는 표시정정신청서를 제출하였습니다.

2. 그런데 우리 민법 제1019조 제1항에서는 「상속인은 상속개시있음을 안 날로부터
   3월내에 단순승인이나 한정승인 또는 포기를 할 수 있다.」라고 규정하고 있으며,
   이에 대하여 법원은 「민법 제1019조 제1항은 상속인은 상속이 개시되었음을 안
   날로부터 3월 내에 상속포기를 할 수 있다고 규정하고 있는바, 여기서 상속이
   개시되었음을 안 날이라 함은 상속개시의 원인이 되는 사실의 발생을 알고 이로써
   자기가 상속인이 되었음을 안 날을 뜻한다(대법원 2013. 6. 14. 선고 2013다
   15869 판결).」라고 설시하고 있습니다.

그리고 피고들은 이미 2023. 2. 19. 서울가정법원 2023느단XXXXX 상속포기 신청을 하여 심판문을 수령하였습니다[을 제1호증 '상속포기 심판문' 참조].

그리고 우리 법원은 「상속의 포기는 상속이 개시된 때에 소급하여 그 효력이 있고(민법 제1042조), 포기자는 처음부터 상속인이 아니었던 것이 된다(대법원 2011. 6. 9. 선고 2011다29307 판결).」라고 판단하고 있습니다.

3. 따라서 위 피고들은 상속개시 당시로 소급하여 망 박XX의 상속인으로부터 배제되었습니다. 그렇다면 위 피고들이 망 박XX의 상속인임을 전제로 하는 원고의 이 사건 청구는 당사자적격이 없는 상속인이 아닌 자에 대한 청구이므로 마땅히 각하되어야 할 것입니다.

입 증 방 법

    1. 을 제1호증   상속포기 심판문

2023.   10.   29.

    피 고   김XX   (인감날인)
                          박XX   (인감날인)
                          박XX   (인감날인)

서울중앙지방법원 민사XX단독 귀중

서식 3) 답변서 : 배우자가 한정승인, 자녀들이 전부 상속포기를 한 경우

답 변 서

사   건   2023가소XXXX 양수금
원   고   XXXX대부 유한회사
피   고   김XX 외 2명

위 사건에 관하여 피고들은 아래와 같이 답변합니다.

청구취지에 대한 답변

1. 원고의 청구를 기각한다.
2. 소송비용은 각자 부담한다.

청구이유에 대한 답변

1. 원고의 주장요지
원고는 원채무자인 소외 망 배XX가 사망하였기에 민법 제1000조의 규정에 따라 소외 망 배XX의 채무가 피고들에게 상속되었고, 따라서 피고는 상속지분에 대한 채무를 부담해야할 의무가 있다고 주장하고 있습니다.

2. 피고 배XX , 피고 배XX 의 상속포기
그러나 망 배XX 직계비속으로 1순위 상속인의 지위를 취득한 피고 배XX과 피고 배XX은 소외 망 배XX가 사망한 날로 부터 3개월에 지나지 아니한 2023. 1. 31. 수원가정법원 안영지원 2023느단000000 상속포기를 신청하였으며, 위 신청은 2023. 2. 15. 수리되었습니다(을 제1호증 '상속포기심판문' 참조).

그리고 우리 법원은 「상속의 포기는 상속이 개시된 때에 소급하여 그 효력이 있고(민법 제1042조), 포기자는 처음부터 상속인이 아니었던 것이 된다(대법원 2012. 4.

16. 자 2011스191,192 결정).」라고 판시하고 있습니다.

그렇다면 상속포기심판의 수리로 상속인으로부터 배제된 피고 배XX과 피고 배XX에 대한 원고의 이 사건 청구는 부당하므로 전부 기각되어야 할 것입니다.

3. 피고 김XX 의 상속한정승인 신청
또한 망 배XX의 배우자로서 1순위 상속인의 지위를 취득한 피고 김XX은 소외 망 배XX가 사망한 날로 부터 3개월에 지나지 아니한 2023. 1. 31. 수원가정법원 안양 지원 2020느단000000 한정승인을 신청하였으며, 위 신청은 2023. 2. 28. 수리되었습니다(을 제2호증 '한정승인심판문' 참조).

따라서 위와 같은 상속한정승인이 수리되면 피고 김XX은 민법 제1028조에 따라 상속으로 인하여 취득할 재산의 한도에서 소외 망 배XX의 채무와 유증을 변제하면 족하다 할 것입니다.

4. 결론
위와 같다면 피고 배XX과 배XX에 대한 원고의 청구는 마땅히 기각되어야 하며, 피고 김XX은 민법 제1028조에 따라 상속으로 인하여 취득할 재산의 한도에서 소외 망 배XX의 채무와 유증을 변제하면 족하다 할 것입니다.

다만 이 사건 채무가 피고들의 고유채무가 아니라 망 배XX의 채무인 점, 파고 김XX은 한정승인자인 반면에 피고 배XX과 피고 배XX은 상속포기자인 점, 피고들도 망 배XX의 채무로 인하여 많은 고통을 겪고 있는 점 등을 고려하시어 소송비용은 각자 부담하도록 하여 주시기 바랍니다.

입 증 방 법

1. 을 제1호증   상속포기심판문
1. 을 제2호증   한정승인심판문

첨 부 서 류

1. 위 입증방법   1부
1. 답변서 부본   1부

                2023. 4.   .
                피고1. 김XX   ㉑
                피고2. 배XX   ㉑
                피고2. 배XX   ㉑

서울중앙지방법원 민사XXX단독(소액) 귀중

(2) 선순위 상속인들이 전부 상속포기하여 후순위 상속인들이 상속인이 된 경우

최우선순위 상속인들은 피상속인이 사망한 후 곧바로 상속이 개시된 사실을 아는 것이 일반적이나 후순위 상속인들은 앞선 순위의 상속인들이 전부 상속포기한 사실을 알게 되어야 비로소 자신이 상속인이 된 사실을 알게 된다는 점에서 최우선순위 상속인과 후순위 상속인 간에는 상속인이 된 사실을 알 날의 전제가 다르게 됩니다.

따라서 후순위 상속인들은 상속채권자가 피상속인을 상대로 소송을 하였다가 피상속인의 사망사실을 알게 되고 그 후 최우선순위 상속인들로 피고당사자를 변경하였으나 그 후 최우선순위 상속인들이 전부 상속포기한 사실을 알게 되면 비로소 후순위 상속인들을 상대로 피고당사자변경을 하게 되는데 일반적으로 후순위 상속인들은 이때 자신이 상속인이 된 사실을 알게 됩니다.

그러므로 후순위 상속인들은 이때로부터 3개월 안에 상속포기 또는 한정승인을 신청함으로써 상속채권자의 강제집행을 거부할 수 있습니다.

서식) 답변서 : 소장을 받은 후에 한정승인과 상속포기를 신청하는 경우

답 변 서

사　　건　　2021가단XXX　구상금 청구의 소
원　　고　　XXXX보험 주식회사
피　　고　　김XXX외 6

위 사건에 관하여 피고3. 김XX, 피고4. 김XX, 피고5. 김XX, 피고6. 김XX, 피고7. 김XX은 다음과 같이 답변서를 제출합니다.

청구취지에 대한 답변

1. 원고의 청구를 기각한다.
2. 소송비용은 원고가 부담한다.
라는 판결을 구합니다.

청구원인에 대한 답변

1. 피고3. 김XX, 피고5. 김XX, 피고6. 김XX, 피고7. 김XX에 대한 원고의 청구
원고는 채무자인 망 김XX의 사망과 1순위 상속인들인 직계비속의 상속포기, 2순위 상속인들인 직계존속의 사망을 이유로 피고들을 당사자로 하는 표시정정신청서를 제출하였습니다.

그런데 우리 민법 제1019조 제1항에서는 「상속인은 상속개시 있음을 안 날로부터 3월내에 단순승인이나 한정승인 또는 포기를 할 수 있다.」라고 규정하고 있으며, 이에 대하여 법원은 「민법 제1019조 제1항은 상속인은 상속이 개시되었음을 안 날로부터 3월 내에 상속포기를 할 수 있다고 규정하고 있는바, 여기서 상속이 개시되었음을 안 날이라 함은 상속개시의 원인이 되는 사실의 발생을 알고 이로써 자기가 상속인이 되었음을 안 날을 뜻한다(대법원 2013. 6. 14. 선고 2013다15869 판결).」 라고 설시하고 있습니다.

이에 이 사건 당사자표시정정신청서와 청구취지 및 청구원인변경신청서의 송달로 인하여 상속인의 지위를 취득한 사실을 알게 된 피고3. 김XX, 피고5. 김XX, 피고6. 김XX, 피고7. 김XX은 2023. 10. 29. 서울가정법원 2023느단XXXXX 상속포기의 신청을 마쳤습니다[을다 제1호증 '상속포기 접수증' 참조].

그리고 우리 법원은 「상속의 포기는 상속이 개시된 때에 소급하여 그 효력이 있고(민법 제1042조), 포기자는 처음부터 상속인이 아니었던 것이 된다(대법원 2011. 6. 9. 선고 2011다29307 판결).」라고 판단하고 있습니다.

따라서 위 피고들의 상속포기신청이 수리된다면 피고들은 망 김XX의 상속인이 아니었던 것이 되므로, 위 피고들이 망 김XX의 상속인임을 전제로 하는 원고의 이 사건 청구는 당사자적격이 없는 상속인이 아닌 자에 대한 청구이므로 마땅히 각하되어야 할 것입니다.

2. 피고4. 김XX에 대한 원고의 청구
또한 피고4. 김XX은 2023. 10. 22. 이 사건 당사자표시정정신청서와 청구취지 및 청구원인변경신청서를 송달 받은 후 2023. 10. 29. 서울가정법원 2023느단XXXX 상속한정승인의 신청을 마쳤습니다[을다 제2호증 '한정승인 접수증' 참조].

그리고 민법 제1028조에서는 「상속인은 상속으로 인하여 취득할 재산의 한도에서 피상속인의 채무와 유증을 변제할 것을 조건으로 상속을 승인할 수 있다.」고 규정하고 있습니다.

그렇다면 피고4. 김XX의 한정승인신청이 수리된다면 피고4. 김XX은 망 김XX로부터 상속받은 재산의 범위 내에서 원고에 대한 채무를 포함한 상속채무를 변제하면 될 것입니다.

3. 결론
위와 같으므로 피고3. 김XX, 피고5. 김XX, 피고6. 김XX, 피고7. 김XX에 대한 원고의 청구는 각하되어야 할 것입니다. 그리고 피고4. 김XX는 상속받은 재산의 범위 내에서 채무를 변제하면 될 것입니다.

4. 소송비용에 관하여
피고4. 김XX의 원고에 대한 채무는 피고4. 김XX의 채무가 아니라 망 김XX의 채무이고, 피고4. 김XX은 망 김XX의 채무와 직계비속의 상속포기로 많은 고통을 받고 있습니다.

그러하오니 피고4. 김XX에 대한 소송비용은 각자 부담하는 것으로 선고하여 주시기 바랍니다.

5. 변론기일의 추정요청

피고3. 김XX, 피고4. 김XX, 피고5. 김XX, 피고6. 김XX, 피고7. 김XX의 상속포기 신청이 수리될 경우 위 피고들은 상속인이 아닌 자가 되므로 피고적격이 없습니다.

또한 피고4. 김XX의 한정승인신청이 수리된다면 피고4. 김XX은 상속받은 재산의 범위 내에서 변제하면 될 것입니다.

그러하오니 피고들의 상속포기와 한정승인 신청에 대한 수리 시까지 변론기일을 추정해 주시기 바랍니다.

입 증 방 법

1. 을 제1호증	상속포기 접수증
1. 을 제2호증	한정승인 접수증

2023.   10.   29.

피 고   김XX   (인)
                김XX   (인)
                김XX   (인)
                김XX   (인)
                김XX   (인)

서울중앙지방법원 민사XX단독 귀중

나. 상속채권자의 승계집행문

(1) 승계집행문이 발급되는 경우

일반적으로 채무자에 대한 상속채권을 원인으로 채무자의 상속인들에게 강제집행을 위해서는 피상속인에 대한 판결문만으로는 강제집행이 되지 않고 집행문이라는 것을 받아야 합니다.

그런데 이러한 집행문으로 상속인들의 재산을 강제집행하기 위해서는 피고를 피상속인에서 상속인들로 바꿔서 집행할 수 있는 집행문인 승계집행문을 받아야 합니다.

이때 별다른 문제가 없다면 승계집행문은 '피상속인 OOO의 상속인들인 OOO에 대한 집행을 위하여 승계집행문을 부여한다.'라고 기재되는 반면에 상속인들이 상속포기 또는 한정승인을 하게 되면 이러한 승계집행문의 발급에 이의를 신청할 수 있고, 그 결과로 위에서 본 바와 같이 상속포기한 상속인은 승계집행문의 대상에서 빠지게 되고 한정승인을 한 상속인에 대해서는 '피상속인 OOO으로부터 상속받은 재산을 한도로 상속인들인 OOO에 대한 집행을 위하여 승계집행문을 부여한다.'라고 변경됩니다. 그리고 이렇게 승계집행문이 발급되면 채권자는 상속인의 고유재산에 대한 집행이 불가능하게 됩니다.

그럼에도 불구하고 채권자가 이러한 승계집행문으로 상속인의 고유재산에 대한 강제집행을 신청하게 되면 법원은 해당 재산이 피상속인의 재산이라는 사실을 소명하라는 보정명령을 채권자에게 하게 되는데 이때 채권자가 강제집행 대상이 피상속인의 소유인 상속재산이라는 사실을 증명하지 못하면 해당 강제집행신청은 각하 내지는 기각의 결정을 받게 됩니다.

(2) 심판 전 승계집행문

상속인들이 피상속인에 대한 한정승인과 상속포기를 신청하지 않아 단순승인이 된 후 상속채권자들이 상속인들을 상대로 하는 승계집행문을 발급받아 강제집행을 하려고 하는 경우가 있습니다.

이러한 때 상속인들은 특별한정승인을 신청한 후 승계집행문에 대한 이의신청을 함으로써 승계집행문의 발급을 정지시키고 이후 특별한정승인의 심판문을 송달받으면 해당 심판문을 승계집행문을 발급한 법원에 제출함으로써 해당 상속인의 고유재산에 대한 집행을 차단할 수 있습니다.

또한 피상속인의 사망사실을 알지 못하다가 승계집행문의 발급으로 비로소 피상속인의 사망사실을 알게 된 경우에는 상속포기와 한정승인의 신청기간이 지나지 않았으므로 법원에 상속포기 또는 한정승인을 신청한 후 해당 접수증을 첨부해서 승계집행문에 대한 이의신청을 할 수 있습니다.

대법원 2003. 2. 14. 선고 2002다64810 판결

[1] 집행채권자가 집행채무자의 상속인들에 대하여 승계집행문을 부여받았으나 상속인들이 적법한 기간 내에 상속을 포기함으로써 그 승계적격이 없는 경우에 상속인들은 그 집행정본의 효력 배제를 구하는 방법으로서 구 민사소송법(2002. 1. 26. 법률 제6626호로 전문 개정되기 전의 것) 제484조의 집행문 부여에 대한 이의신청을 할 수 있는 외에 같은 법 제506조의 집행문 부여에 대한 이의의 소를 제기할 수도 있다.

[2] 채무명의에 표시된 채무가 여러 사람에게 공동상속된 경우에 그 채무가 가분채무인 경우에는 그 채무는 공동상속인 사이에서 상속분에 따라 분할되는 것이고, 따라서 이 경우 부여되는 승계집행문에는 상속분의 비율 또는 그에

기한 구체적 수액을 기재하여야 하며, 비록 그와 같은 기재를 누락하였다고 하더라도 그 승계집행문은 각 공동상속인에 대하여 각 상속분에 따라 분할된 채무 금액에 한하여 효력이 있는 것으로 보아야 할 것이고, 또한 이 경우 승계집행문 부여의 적법 여부 및 그 효력의 유무를 심사함에 있어서도 각 공동상속인 별로 개별적으로 판단하여야 한다.

[3] 집행문 부여에 대한 이의의 소는 집행문이 부여된 후 강제집행이 종료될 때까지 제기할 수 있는 것으로서 강제집행이 종료된 이후에는 이를 제기할 이익이 없는 것인바, (1) 집행력 있는 채무명의에 터잡아 집행채권의 일부에 관하여 채권의 압류 및 전부명령이 발하여진 경우에 전부명령에 포함된 집행채권과 관련하여서는 그 전부명령의 확정으로 집행절차가 종료하게 되므로 그 부분에 관한 한 집행문 부여에 대한 이의의 소를 제기할 이익이 없다 할 것이나, 전부명령에 포함되지 아니하여 만족을 얻지 못한 잔여 집행채권 부분에 관하여는 아직 압류사건이 존속하게 되므로 강제집행절차는 종료되었다고 볼 수 없고, (2) 한편 추심명령의 경우에는 그 명령이 발령되었다고 하더라도 그 이후 배당절차가 남아 있는 한 아직 강제집행이 종료되었다고 할 수 없다.

(3) 심판 후 승계집행문

피상속인에 대한 상속채권자가 상속인들을 대상으로 하는 승계집행문을 발급받아 상속인들의 고유재산에 대한 강제집행을 할 수 있습니다.

그런데 법원은 상속채권자에게 승계집행문을 발급하기 전에 해당 상속인들에게 승계집행문의 발급사실을 통지하게 됩니다.

이러한 경우 상속포기 또는 한정승인을 받은 상속인들은 법원에 승계집행문 발급에 대한 이의신청을 함으로써 상속포기를 한 상속인에 대해서는 승계집행문의 발급을 차단할 수 있고, 한정승인을 한 상속인에게는 강제집행의 범위를 상속받은 재산의 범위 내로 제한 할 수 있습니다.

이와 같이 승계집행문을 신청한 법원에 이의신청을 하게 되면 법원에서는 상속을 포기한 상속인에 대해서는 승계집행문을 불허한다는 결정을 하게 됩니다.

그리고 상속인 중 1명은 한정승인을 나머지 2명의 상속인들은 상속포기를 한 경우에는 한정승인을 한 상속인에게는 집행문을 발급해 주되 발급되는 집행문에 '상속받은 재산의 범위를 넘는 부분에 한하여 이를 취소한다.'라는 기재를 하고, 상고포기한 상속인에 대해서는 승계집행문의 발급을 불허하게 됩니다.

따라서 상속채권자는 한정승인을 한 상속인에 대한 승계집행문을 발급받게 되나 집행문에 '상속받은 재산의 범위'라고 기재하고 있으므로 상속인의 고유재산에 대한 강제집행은 할 수 없습니다.

서식 1) 승계집행문 부여에 대한 이의신청서 : 상속포기 신청 후 심판문 수리 전

승계집행문 부여에 대한 이의신청서

신 청 인   XXX(761234-1234567)

위 신청인의 주소 : 서울특별시 XX구 XX4길 12, 123동 123호

(XX동, XX파크빌)

피신청인   XX자산관리대부 유한회사

주 소 : 서울특별시 XX구 XX로 12 (XX동, XX)

대표자 이사 XXX

지배인 XXX

신 청 취 지

1. 피신청인과 망 XXX 사이의 서울북부지방법원 2017가소123456 양수금 사건에 대하여 같은 법원 사법보좌관이 2022. 8. 4.자에 망 XXX의 승계인으로 하여 피신청인에게 내어 준 승계집행문은, 신청인 XXX에 대하여는 모두 취소한다.

2. 위 판결의 집행력 있는 정본에 기한 강제집행은 신청인들 XXX에 대하여는 모두 불허한다.

라는 재판을 구합니다.

신 청 이 유

1. 사건본인 망 XXX는 2018. 1. 23. 사망하였습니다. 그런데 청구인 XXX는 2008년경 집을 나온 이후 망인의 가족과 교류가 없어 망인의 사망사실을 알지 못하다가 2022. 8. 9. 이 사건 승계집행문을 송달받고 비로소 망인의 사망사실을 알게 되었습니다.

2. 이에 청구인 XXX는 망인의 사망사실을 알게 된 2022. 8. 9.로부터 기산하여 3개월인 2022. 8. 12.자로 상속포기를 신청하였습니다.

    따라서 만일 청구인 XXX의 상속포기신청이 수리된다면 청구인 XXX는 상속개시 당시로 소급하여 상속인으로부터 배제되므로 청구인 XXX에 대한 승계집행문 부여는 취소되어야 합니다.

3. 그러하오니 신청인 XXX에 대한 집행문부여를 취소하여 주시기 바랍니다.

소 명 방 법

1. 소을 제1호증 　　　　　　　상속포기 접수증
1. 소을 제2호증 　　　　　　　망 XXX의 기본증명서 등

첨 부 서 류

1. 승계집행문사본 　　　　　　1통
2. 송달료납부서 　　　　　　　1통

2022.　　8.　　12.
위 신청인 김XX　(인)

XX지방법원　민사12단독(1계)　귀중

서식 2) 승계집행문 부여에 대한 이의신청서 : 상속포기와 한정승인신청 후 각 심판문 수리 전

승계집행문 부여에 대한 이의신청서

신 청 인   1. XXX(741212-1234567)

등록기준지 : XX광역시 X구 XX로1길 12

주 소 : 경기도 XX시 XX구 XX로123, 123호

(XX동, XX홈타워)

2. XXX(421212-1234567)

등록기준지 : XX광역시 X구 XX로1길 12

주 소 : 서울특별시 XX구 XX12길 12, 1동 123호

(XX동, XX빌라)

3. XXX(711212-1234567)

등록기준지 : 경기도 XX시 XX동 123번지

주 소 : 서울특별시 XX구 XX로 123, 123동 1234호

(XX동, XXXX)

4. XXX(761212-1234567)

등록기준지 : 서울특별시 XX구 XX로 123

주 소 : 서울특별시 XX구 XX12길 12, 1동 123호

(XX동, XX빌라)

위 청구인들의 송달장소 : 서울특별시 XX구 XX로 123, 123동 1234호 (XX동, XXXX)

피신청인   XXX

주 소 : 대구 XX구 XXXX12길 12 (XX동)

신 청 취 지

1. 신청인들(망 XXX의 승계인) 사이의 XX지방법원 2015가단12345 공사대금 등 사건의 지급명령에 대하여 같은 법원 사법보좌관이 2016. 03. 03. 자에 망 XXXX의 배우자 XXX와 자녀 XXX, XXX, XXX을 승계인으로 하여 피신청인에게 내어 준 승계집행문은 신청인들이 망 XXX로부터 상속받은 재산의 범위를 넘는 부분에 한하여 이를 취소한다.

2. 피신청인의 신청인들 XXX, XXX, XXX, XXX에 대한 위 집행력 있는 결정정본에 기한 강제집행은 신청인들이 망 XXX로부터 상속받은 재산의 범위를 넘는 부분에 한하여 이를 불허한다.
라는 재판을 구합니다.

신 청 원 인

1. 사건본인 XXX는 2015. 12. 01. 자에 사망하였습니다. 그런데 채권자 XXX는 망인의 사망을 확인하며, 신청인들에게 승계집행문을 부여하였습니다.

2. 신청인들은 망인의 법정상속자입니다. 하지만, 신청인들은 사건본인의 채무를 이행할 능력이 없기에 망인의 사망 후 법률상담을 통하여 망인의 최후 주소지 관할 법원으로부터 상속포기와 한정승인을 진행 하여 망인의 초과 된 채무를 마무리 할 수 있음을 알게 되었습니다. 그리하여 민법 제 1019조의 규정에 따라 상속개시 있음을 안 날로부터 3개월 안에 상속포기와 한정승인을 결정하여 진행 중에 있습니다.
   따라서, 현재 신청인들 XXX, XXX, XXX은 XX가정법원 2016느단123호 상속포기 사건이 접수되어 적합한 수리를 기다리고 있고, 신청인 XXX도 XX가정법원 2016느단464호 상속한정승인 사건이 접수되어 적합한 수리를 기다리고 있습니다.

3. 하지만, 피신청인 XXX는 귀원 공사대금 등 사건에 대한 강제집행을 실시하기 위하여 신청인들을 상대로 승계집행문 부여를 받았으니 신청인들 XXX, XXX,

XXX은 추후 받게 될 상속재산포기심판의 수리에 따라 상속개시 당시로 소급하여 상속인에서 배제되므로 당사자 적격이 없습니다.

또한, 신청인 XXX은 망 XXX에 대한 공사대금 등 채권에 대하여 상속한정승인을 결정하여 진행 중이므로 추후 상속한정승인이 결정된다면 상속인들의 고유재산에 대해 실시될 예정인 강제집행은 철저히 배척되어야 할 것이며 상속인의 고유재산이 아닌 상속받은 망인의 재산 범위 내에서만 집행할 수 있다 할 것입니다.

4. 따라서, 신청인들의 상속포기와 상속한정승인이 인용되어 심판을 받게 된다면 망인의 상속채무가 존재한다는 것을 전제로 상속인의 재산에 강제집행을 실시한다는 것은 부당한 것입니다. 그러므로 부여된 승계집행문으로 집행을 함에 있어 상속인들의 상속포기와 한정승인의 수리 사실이 심판문으로 소명될 때까지 이 사건 피신청인에 의한 상속인들의 고유재산에 집행은 배제되어야 합니다.

5. 그렇다면, 신청인들 XXX, XXX, XXX은 상속인에서 배제되므로 당사자 적격이 없다는 것과, 신청인 XXX은 한정승인 사실에 대해 추후 받게 될 상속포기 심판문과 한정승인 심판문을 서증으로 제출하여 소명할 것입니다.

또한, 신청인들의 상속포기와 한정승인 사실이 인정된다면 피신청인에 의한 상속인들의 고유재산에 집행은 배제되어야 마땅하기에 신청인의들의 상속포기와 한정승인 결정 여부를 고려하여 취소하여 주시길 바랍니다.

소 명 방 법

1. 소 을 제1호증   승계집행문
1. 소 을 제2호증   대법원 나의사건검색 2016느단123호 상속포기 진행내역
1. 소 을 제3호증   대법원 나의사건검색 2016느단124호 한정승인 진행내역

첨 부 서 류

1. 승계집행문 등본   1통
1. 송달료납부서   1통

2024.   3.   .

위 신청인　　1. X X X　　(인)

2. X X X　　(인)

3. X X X　　(인)

4. X X X　　(인)

XX지방법원　귀중

서식 3) 승계집행문 부여에 대한 이의신청서 : 상속포기 및 한정승인 마친 후

승계집행문 부여에 대한 이의신청서

신 청 인   1. ○ ○ ○ (주민등록번호)
                     주 소 : 서울 성동구 ......

                2. 박 □ □ (주민등록번호)
                     주 소 : 서울 강남구 ......

                3. △ △ △ (주민등록번호)
                     주 소 : 서울 광진수 ......

피신청인   ◇ ◇ ◇
                 주 소 : 서울 마포구 ...

신 청 취 지

1. 피신청인과 망 ■■■(주민등록번호) 사이의 수원지방법원 2020가단000 사건의 지급명령에 대하여 같은 법원 사법보좌관이 2023. 5. 16. 자에 망 ■■■의 승계인으로 하여 피신청인에게 내어 준 승계집행문을, 신청인들 ○○○, □□□에 대하여는 모두 취소하고, 신청인 △△△에 위 신청인이 망 ■■■로부터 상속받은 재산의 범위를 넘는 부분에 한하여 이를 취소한다.

2. 위 집행력 있는 지급명령 정본에 기한 강제집행은 신청인들 ○○○, □□□에 대하여는 모두 불허하고, 신청인 △△△에 대하여는 망 ■■■로부터 상속받은 재산의 범위를 넘는 부분에 한하여 불허한다.
라는 재판을 구합니다.

신 청 원 인

1. 사건본인 ■■■은 2020. 9. 23. 자에 사망하였습니다. 그런데 채권자 ◇◇◇은 망인의 사망을 확인하며, 신청인들에게 승계집행문을 부여하였습니다.

2. 신청인들은 망인의 법정상속자입니다. 하지만, 신청인들은 사건본인의 채무를 이행할 능력이 없기에 망인의 사망 후 법률상담을 통하여 망인의 최후 주소지 관할 법원으로부터 상속포기와 한정승인을 진행하여 망인의 초과 된 채무를 마무리 할 수 있음을 알게 되었습니다. 그리하여 민법 제 1019조의 규정에 따라 상속개시 있음을 안 날로부터 3개월 안에 상속포기와 한정승인의 신청을 하여 심판을 받았습니다.

   따라서, 현재 신청인들 ○○○, □□□은 서울가정법원 2020느단0001호 상속포기를 신청하여 심판을 받았고, 신청인 △△△도 서울가정법원 2020느단0002호 상속한정승인을 신청하여 심판을 받았습니다. (소 을 제2호증 2020느단0001호 상속재산포기심판문, 소 을 제3호증 2020느단0002호 상속한정승인심판문)

3. 하지만, 피신청인 ◇◇◇은 귀원 구상금 사건에 대한 강제집행을 실시하기 위하여 신청인들을 상대로 승계집행문 부여를 하였으니 신청인들 ○○○, □□□은 상속재산포기심판의 수리에 따라 상속개시 당시로 소급하여 상속인에서 배제되므로 당사자 적격이 없어 모두 취소해야 할 것입니다.

   또한, 신청인 △△△는 망 ■■■에 대한 구상금 채권에 대하여 상속한정승인을 신청하여 심판을 받았으므로 상속인들의 고유재산에 대해 실시될 예정인 강제집행은 철저히 배척되어야 할 것이며 망인으로부터 상속받은 재산의 범위를 넘는 부분에 한하여 취소해야 할 것입니다.

4. 그렇다면, 신청인들을 망 ■■■의 승계인으로 하여 피신청인에게 내어 준 승계집행문은, 신청인들 ○○○, □□□에 대하여는 상속인에서 배제되므로 모두 취소하고, 신청인 △△△에 대하여는 망 ■■■로부터 상속받은 재산 범위를 넘는 부분에 한하여 취소해야 할 것입니다.

5. 따라서, 신청인들은 상속포기와 상속한정승인이 인용되어 심판을 받았으므로

망인의 상속채무가 존재한다는 것을 전제로 상속인의 재산에 강제집행을 실시한다는 것은 부당한 것입니다.

그러므로 부여된 승계집행문으로 집행을 함에 있어 상속인들의 상속포기와 한정승인의 수리 사실이 심판문으로 소명되었으므로 이 사건 피신청인에 의한 신청인들 ○○○, □□□에 대하여는 모두 불허하고, 신청인 △△△에 대하여는 망 ■■■로부터 상속받은 재산의 범위를 넘는 부분에 한하여 불허해야 할 것입니다.

소 명 방 법

1. 소 을 제1호증   승계집행문
2. 소 을 제2호증   서울가정법원 2020느단0001호 상속재산포기심판문
3. 소 을 제3호증   서울가정법원 2020느단0002호 상속한정승인심판문

첨 부 서 류

1. 승계집행문등본   1부
2. 송달료납부서   1부

2023년   5월   일

신청인   ○ ○ ○ (인)
            □ □ □ (인)
            △ △ △ (인)

XX지방법원   귀중

결정문 1) 법원 결정 : 상속포기한 상속인

서 울 북 부 지 방 법 원
결 정

사　　건　　2022카기1086 승계집행문부여에대한이의
신 청 인　　XXX (751234-2123456)
　　　　　　서울 XX구 XX로4길 12, 213동 123호(XX동, XXX파크빌)

피신청인　　XX관리대부 유한회사
　　　　　　서울 XX구 XX로 12, 1,2,3층(XX동, XXX)
　　　　　　대표자 이사 XXX

주 문

1. 피신청인과 망 XXX 사이의 이 법원 2017가소123456 양수금 사건의 판결정본에 대하여 이 법원 법원주사 정관이 2022. 8. 4. 신청인을 망 XXX의 승계인으로 하여 피신청인에게 부여한 승계집행문을 취소한다.
2. 위 1항 기재 집행력 있는 판결정본에 기초한 신청인에 대한 강제집행을 불허한다.
3. 소송비용은 각자 부담한다.

신 청 취 지

주문 제1, 2항과 같다.

이 유

기록에 의하면 망 XXX의 상속인 중 1인인 신청인이 2022. 1. 12.자로 서울가정법원

2022느단12345호로 상속포기의 신고를 하여 2022. 9. 1. 이를 수리하는 심판을 받은 사실도 소명된다.

그렇다면, 신청인의 이 사건 승계집행문부여에 대한 이의신청은 이유 있으므로 이를 인용하기로 하여 주문과 같이 결정한다.

2022. 1. 12.

판사 XXX   (인)

결정문 2) 법원 결정 : 한정승인한 상속인

집 행 문

사　　　건 : 서울중앙지방법원 2015차12345 양수금

이 정본은 사법보좌관의 명령에 의하여 채무자 망 XXX의 승계인 XXX(771234-1234
567, 상속지분전부, 단 망 XXX로부터 상속받은 재산의 범위 내에서)에 대한 강제집행
을 실시하기 위하여 채권자 주식회사 XXXXX(110111-1234567)에게 내어 준다.

2023. 4 . 16.

서울중앙지방법원

법원주사보 X X X (인)

수 원 지 방 법 원
12단독(신청)
결 정

사 건   2023카기123 집행문부여에대한이의
신 청 인   1. 김XX
           2. 박XX
           3. 박XX
           신청인들 주소 서울 XX구 XXX1가길 12, 123호(XX동)

피신청인   XXX보증기금
           대구 X구 XXX로 1(XX동)
           송달장소 XX시 XX구 XX로 123(XX동) 채권관리팀
           대표자 이사장 XXX

주 문

1. 피신청인과 망 박XX 사이의 수원지방법원 2021차전1234 구상금 사건의 지급명
   령에 대하여 수원지방법원 법원주사 XXX이 2024. 1. 12. 신청인들을 망 박XX의
   승계인들로 하여 내어 준 승계집행문은 신청인 XXX와 피신청인 사이에서는 신청
   인 XXX가 망 박XX로부터 상속받은 재산의 범위를 넘는 부분에 한하여 이를
   취소하고, 신청인 김XX, 박XX과 피신청인 사이에서는 이를 취소한다.
2. 위 집행력 있는 지급명령정본에 기한 강제집행은 신청인 박XX에 대하여는 신청인
   박XX가 망 박XX로부터 상속받은 재산의 범위를 넘는 부분에 한하여 이를 불허하
   고, 신청인 김XX미, 박XX에 대하여는 이를 불허한다.

신 청 취 지

주문과 같다.

이 유

이 사건 기록에 의하면, 박XX이 2022. 1. 23. 사망한 사실, 신청인들은 망 박XX의 재산상속인들로서 신청인 김XX, 박XX은 2022. 2. 3. 서울가정법원 2022느단1234호로 상속포기 신고를 하여 2022. 4. 12. 그 신고를 수리하는 심판을 받은 사실, 신청인 박XX는 2022. 4. 12 서울가정법원 2022느단1235호로 상속한정승인신고를 하여 2022. 5. 6. 그 신고를 수리하는 심판을 받은 사실, 피신청인은 주문 기재 지급명령이 확정된 이후 XX지방법원에 신청인들을 망 박XX의 승계인들로 한 승계집행문 부여신청을 하여 주문 기재 승계집행문을 부여받은 사실이 각 인정된다.

위 인정사실에 의하면, 신청인 박XX는 망 박XX로부터 상속받은 재산의 한도 내에서만 상속채무에 대한 책임을 부담하므로, 피신청인이 신청인 박XX에 대하여 부여받은 위 승계집행문은 신청인 박XX가 망 박XX로부터 상속받은 재산의 범위를 넘는 부분에 한하여 취소되어야 하고, 위 집행력 있는 지급명령정본에 기한 강제집행은 신청인 박XX가 망 박XX로 부터 상속받은 재산의 범위를 넘는 부분에 한하여 불허되어야 한다.

또한 신청인 김XX, 박XX은 상속을 포기함으로써 망 박XX의 피신청인에 대한 위 지급명령에 따른 채무를 승계하지 아니하였으므로, 피신청인이 신청인 김XX, 박XX에 대하여 부여받은 위 승계집행문은 취소되어야 하고, 그에 기한 강제집행은 불허되어야 한다.

그렇다면 신청인들의 이 사건 신청은 모두 이유 있으므로 이를 인용하기로 하여 주문과 같이 결정한다.

2024. 1. 23.

판 사 X X X (인)

다. 채권자의 사해행위취소소송

(1) 사해행위에 대한 상속재산분할협의와 상속포기의 차이점

피상속인의 사망으로 상속인들에게 피상속인의 재산과 채무가 포괄적으로 승계됩니다. 이때 당시 소유하고 있는 재산보다 채무가 더 많은 상속인이 자신의 상속분을 포기하고 다른 상속인이 상속을 받도록 하거나 상속분보다 적은 재산을 상속받는 것으로 하는 상속재산분할협의를 하는 경우가 있습니다. 그리고 채무자인 상속인이 민법 제1019조의 규정에 따라 가정법원에 상속포기를 신청하고 수리받음으로써 상속인으로부터 배제되는 경우가 있습니다.

이와 같이 채무자인 상속인의 상속분을 0으로 하는 상속재산분할협의와 민법 제1019조의 규정에 따라 상속포기를 하는 것은 모두 채무자인 상속인의 상속분을 0을 한다는 점에는 동일합니다.

그런데 상속재산분할협의를 통해서 채무자인 상속인의 상속분을 0원으로 한 사안에 대해서 법원은 「상속재산의 분할협의는 상속이 개시되어 공동상속인 사이에 잠정적 공유가 된 상속재산에 대하여 그 전부 또는 일부를 각 상속인의 단독소유로 하거나 새로운 공유관계로 이행시킴으로써 상속재산의 귀속을 확정시키는 것으로 그 성질상 재산권을 목적으로 하는 법률행위이므로 사해행위취소권 행사의 대상이 될 수 있고, 한편 채무자가 자기의 유일한 재산인 부동산을 매각하여 소비하기 쉬운 금전으로 바꾸거나 타인에게 무상으로 이전하여 주는 행위는 특별한 사정이 없는 한 채권자에 대하여 사해행위가 되는 것이므로, 이미 채무초과 상태에 있는 채무자가 상속재산의 분할협의를 하면서 자신의 상속분에 관한 권리를 포기함으로써 일반 채권자에 대한 공동담보가 감소한 경우에도 원칙적으로 채권자에 대한 사해행위에 해당한다(대법원 2007. 7. 26. 선고 2007다29119 판결, 대법원 2001. 2. 9. 선고 2000다51797 판결).」라고 판단하고 있습니다.

따라서 채무자인 상속인으로부터 상속분은 양도받은 상속인은 사해행위취소소송에 따라 상속재산이 부동산인 경우에는 채무자인 상속인의 상속분에 해당하는 지분을 말소하게 됩니다.

반면에 민법 제1019조의 규정에 따라 채무자인 상속인이 상속포기를 한 사안에 대하여는 「상속의 포기는 민법 제406조 제1항에서 정하는 "재산권에 관한 법률행위"에 해당하지 아니하여 사해행위취소의 대상이 되지 못한다(대법원 2011. 6. 9. 선고 2011다29307 판결).」라고 함으로써, 민법 제1019조의 규정에 의한 상속포기를 사해행위에서 배제하였습니다.

그러므로 만일 상속인 중 채무자인 상속인이 있다면 상속재산분할협의가 아닌 민법 제1019조의 규정에 따른 포기절차를 통해서 피상속인의 상속재산이 다른 상속인들에게 승계되도록 해야 할 것입니다.

(2) 상속재산분할협의를 한 경우 사해행위취소의 범위

채무자인 상속인이 상속재산분할협의를 통해서 자신의 상속분을 0으로 하는 경우에 채무자인 상속인의 채권자는 상속받은 상속인을 상대로 채무자인 상속인의 법정상속분을 기준으로 사해행위취소소송을 신청하게 됩니다.

가령 배우자와 1남 2녀를 둔 피상속인이 부동산을 상속재산으로 남기고 사망했는데 해당 부동산을 배우자인 어머니가 단독상속하는 것으로 하는 협의분할을 마치고 협의분할을 원인으로 하는 소유권이전등기까지 마친 경우에, 1남의 채권자는 어머니를 상대로 사해행위취소를 원인으로 1남의 법정상속분인 2/9지분의 말소를 청구하게 됩니다. 그런데 이와 같이 사해행위가 인정된다고 해서 법정상속분을 기준으로 말소되는 것이 아닙니다.

우리 법원은 「채무초과 상태에 있는 채무자가 상속재산의 분할협의를 하면서 상속재산에 관한 권리를 포기함으로써 결과적으로 일반 채권자에 대한 공동담보가 감소되었다 하더라도, 그 재산분할결과가 채무자의 구체적 상속분에 상당하는 정도에 미달하는 과소한 것이라고 인정되지 않는 한 사해행위로서 취소되어야 할 것은 아니고, 구체적 상속분에 상당하는 정도에 미달하는 과소한 경우에도 사해행위로서 취소되는 범위는 그 미달하는 부분에 한정하여야 한다(대법원 2001. 2. 9. 선고 2000다51797 판).」라고 판단함으로써 비록 상속재산분할협의가 사해행위의 대상은 되나 취소의 범위는 구체적 상속분을 기준으로 하고 있습니다.

그리하여 위 판결에서는 채무자인 상속인이 피상속인으로부터 증여받은 특별수익을 공제하지 않고 법정상속분을 기준으로 취소를 명한 원심을 파기환송 하였습니다[17].

구체적 상속분 = { (사전증여 + 유증 + 상속재산 - 상속채무) × 법정상속분 } - 당해 상속인의 사전증여 - 당해 상속인의 유증

따라서 사해행위취소소송이 제기된 경우라도 채무자인 상속인이 피상속인으로부터 생전에 증여를 받은 특별수익이 있다면, 이를 증명해서 취소대상을 감액할 수 있을

---

17) 대법원 2001. 2. 9. 선고 2000다51797 판결
피고 3의 법정상속분에서 위 수증액을 공제하고서도 나머지가 있는지를 판단하여 사해행위가 되는 범위를 확정한 후 그에 따른 지분이전 또는 가액반환을 명하였어야 함에도, 이에 나아가 심리·판단하지 아니한 채 피고 3의 법정상속분 전체에 대하여 사해행위가 성립한다고 판단한 원심판결에는 피고들의 위 주장에 관한 판단을 유탈하거나 상속재산의 분할협의에 이르게 된 사정에 관한 심리를 다하지 아니한 잘못이 있다 할 것이고 이는 판결 결과에 영향을 미쳤음이 분명하다. 이 점을 지적하는 상고이유의 주장은 이유 있다.

것입니다.

실제 2023년 7월 19일에 선고된 서울중앙지방법원의 2022나33011 사해행위취소 사건에서는 「○○○의 구체적 상속분에 관하여 보건대, 제1심법원의 감정평가사사무소에 대한 감정촉탁결과에 의하면 이 사건 상속개시 무렵인 2016. 3. 31. 당시 이 사건 부동산의 시가는 233,000,000원이고, 이에 ○○○의 특별수익 134,860,531원을 가산하면 367,860,531원이 되는바, 여기에 ○○○의 법정상속분 2/7를 곱하여 산출된 상속분 가액 105,103,008원에서 ○○○의 특별수익 134,860,531원을 공제하면 ○○○의 구체적 상속분은 전혀 없는 것이 된다. 위와 같이 채무자인 ○○○에게 구체적 상속분이 전혀 없는 이상, 이 사건 분할협의로 인하여 일반 채권자인 원고의 공동담보가 감소되었다고 볼 수는 없으므로, 이 사건 분할협의가 사해행위에 해당한다고 판단하기는 어렵다.」라고 판단함으로써 사해행위를 전제로 한 원고의 청구를 기각하였습니다. 그리고 위 사건은 대법원 2023다265328 사건으로 상고되었으나 2023. 10. 12. 심리불속행기각으로 확정되었습니다.

서 울 중 앙 지 방 법 원
제 9-1 민 사 부
판 결

사건	2022나33011 사해행위취소
원고, 피항소인	XX보증기금
	XX XX 첨XX로 1(XX동, XX보증기금본점)
	대표자 이사장 XXX
피고, 항소인	XXX
	서울 XX구 XX12길 12, 123호(XX동, XX 2차)
제1심 판결	서울중앙지방법원 2022. 6. 8. 선고 2020가단5243542 판결
변 론 종 결	2023. 6. 7.
판 결 선 고	2023. 7. 19.

주 문

1. 제1심판결을 취소한다.
2. 원고의 청구를 기각한다.
3. 소송 총비용은 원고가 부담한다.

이 유

... 중략 ...

2. 판단

가. 관련 법리

공동상속인 중 피상속인으로부터 재산의 증여 또는 유증을 받은 자는 그 수증재산이 자기의 상속분에 부족한 한도 내에서만 상속분이 있으므로(민법 제1008조), 공동상속인 중에 특별수익자가 있는 경우에는 이러한 특별수익을 고려하여 상속인별로 고유의 법정상속분을 수정하여 구체적인 상속분을 산정하게 되는데, 이러한 구체적 상속분을 산정함에 있어서는 피상속인이 상속개시 당시에 가지고 있던 재산의 가액에 생전증여의 가액을 가산한 후 이 가액에 각 공동상속인별로 법정상속분율을 곱하여 산출된 상속분 가액으로부터 특별수익자의 수증재산인 증여 또는 유증의 가액을 공제하는 계산방법에 의하여야 하고(대법원 1995. 3. 10. 선고 94다16571 판결 등 참조), 특별수익자인 채무자의 상속재산 분할협의가 사해행위에 해당하는지를 판단함에 있어서도 위와 같은 방법으로 계산한 구체적 상속분을 기준으로 그 재산분할결과가 일반 채권자의 공동담보를 감소하게 하였는지 평가하여야 한다(대법원 2014. 7. 10. 선고 2012다26633 판결 등 참조).

나. 구체적 판단

1) 우선 망 ㅁㅁㅁ가 변제한 ㅇㅇㅇ의 대출원리금 합계 125,719,170원이 ㅇㅇㅇ의 특별수익이 되는지에 관하여 보건대, ㅇㅇㅇ이 XXX새마을금고로부터 125,000,000원을 대출받아 사용하였고, 그에 관하여 망 ㅁㅁㅁ의 소유였던 이 사건 부동산에 이 사건 근저당권설정등기가 마쳐진 사실, 그 후 망 ㅁㅁㅁ가 2012. 12. 18. XXX새마을금고에 위 대출원리금 합계 125,719,170원을 변제하고, 이 사건 근저당권설정등기를 말소한 사실은 앞서 본 바와 같다. 이와 같이 ㅇㅇㅇ이 망 ㅁㅁㅁ 소유의 부동산을 담보로 대출을 받고, 망 ㅁㅁㅁ가 그 대출원리금 채무를 변제하여 ㅇㅇㅇ이 위 대출금 채무가 소멸되는 이익을 얻은 이상, 망 ㅁㅁㅁ가 변제한 위 대출원리금은 ㅇㅇㅇ에 대한 증여로, ㅇㅇㅇ의 특별수익에 해당한다고 보는 것이 타당하다.

2) 한편, 증여받은 재산이 금전일 경우에는 그 증여받은 금액을 상속개시 당시의 화폐가치로 환산하여 이를 증여재산의 가액으로 봄이 상당하고, 그러한 화폐가치의 환산은 증여 당시부터 상속개시 당시까지 사이의 물가변동률을 반영하는 방법으로 산정하는 것이 합리적이다(대법원 2009. 7. 23. 선고 2006다28126 판결 등 참조). 이때 환산기준은 경제 전체의 물가수준 변동을 잘 반영한 것으로 보이는 GDP 디플레이터를 사용함이 타당하므로, 증여받은 금전의 상속개시 당시의 화폐가치는 '증여액 × 사망 당시의 GDP 디플레이터 수치 ÷ 특별수익 당시의 GDP 디플레이터 수치'로 산정하여야 하고, 2015년도를 기준연도로 하여 그 수치를 100으로 정한 한국은행 GDP 디플레이터 수치가 아래의 표 기재와 같이 책정되었음은 공지의 사실이다.

연도	GDP 디플레이터 수치	연도	GDP 디플레이터 수치	연도	GDP 디플레이터 수치
2011	93.898	2012	95.073	2013	96.042
2014	96.913	2015	100.000	2016	101.986

○○○의 위 특별수익을 상속개시 당시의 화폐가치로 환산하면 134,860,531원 [= 125,719,170원 × 101.986(2016년 GDP 디플레이터 수치) ÷ 95.073(2012년도 GDP 디플레이터 수치), 원 미만 버림, 이하 같다]이 된다.

3) 나아가 ○○○의 구체적 상속분에 관하여 보건대, 제1심법원의 XX감정평가사사무소에 대한 감정촉탁결과에 의하면 이 사건 상속개시 무렵인 2016. 3. 31. 당시 이 사건 부동산의 시가는 233,000,000원이고, 이에 ○○○의 특별수익 134,860,531원을 가산하면 367,860,531원이 되는바, 여기에 ○○○의 법정상속분 2/7를 곱하여 산출된 상속분 가액 105,103,008원에서 ○○○의 특별수익 134,860,531원을 공제하면 ○○○의 구적 상속분은 전혀 없는 것이 된다.

위와 같이 채무자인 ○○○에게 구체적 상속분이 전혀 없는 이상, 이 사건 분할협의로 인하여 일반 채권자인 원고의 공동담보가 감소되었다고 볼 수는 없으므로, 이 사건 분할협의가 사해행위에 해당한다고 판단하기는 어렵다. 따라서 이와 다른 전제에 선 원고의 청구는 나머지 주장에 관하여는 더 나아가 살펴볼 필요 없이 받아들이지 아니한다.

... 중략

3. 결론

원고의 이 사건 청구는 이유 없어 기각하여야 한다. 이와 결론을 달리한 제1심판결은 부당하므로 이를 취소하고 원고의 청구를 기각한다.

재판장   판사   xxx   (인)
          판사   xxx   (인)
          판사   xxx   (인)

(3) 상속재산분할협의를 한 후 상속포기를 하는 경우

법정단순승인을 규정하고 있는 민법 제1026조 1.호에서는 「상속인이 상속재산에 대한 처분행위를 한 때」라고 하고 있습니다.

그리고 상속재산분할협의에 관하여 「상속인중 1인이 다른 공동재산상속인과 협의하여 상속재산을 분할한 때는 민법 제1026조 제1호에 규정된 상속재산에 대한 처분행위를 한 때에 해당되어 단순승인을 한 것으로 보게 되어 이를 취소할 수 없는 것이므로 그뒤 가정법원에 상속포기신고를 하여 수리되었다 하여도 포기의 효력이 생기지 않는다(대법원 1983. 6. 28. 선고 82도2421 판결).」라고 함으로써, 상속재산분할협의를 상속재산의 처분행위라고 판단하고 있습니다.

채무자인 상속인이 상속재산분할협의를 통해서 자신의 상속분을 0으로 하는 것은 법정단순승인으로써 이후 상속포기를 신청해도 그 효력이 없게 되나, 상속포기를 전제로 자신의 상속분을 0으로 하는 상속재산분할협의서를 작성한 경우에 관하여 법원은 「상속포기의 신고가 아직 행하여지지 아니하거나 법원에 의하여 아직 수리되지 아니하고 있는 동안에 포기자를 제외한 나머지 공동상속인들 사이에 이루어진 상속재산분할협의는 후에 상속포기의 신고가 적법하게 수리되어 상속포기의 효력이 발생하게 됨으로써 공동상속인의 자격을 가지는 사람들 전원이 행한 것이 되어 소급적으로 유효하게 된다. 이는 설사 포기자가 상속재산분할협의에 참여하여 그 당사자가 되었다고 하더라도 그 협의가 그의 상속포기를 전제로 하여서 포기자에게 상속재산에 대한 권리를 인정하지 아니하는 내용인 경우에는 마찬가지이다(대법원 2011. 6. 9. 선고 2011다29307 판결).」라고 판단하였습니다.

따라서 채무자인 상속인이 자신의 상속분을 0으로 하는 상속재산분할협의를 한 후에 상속포기를 신청하거나 신청한 후에 상속재산분할협의를 한 경우라도 그러한 협의서는 유효하게 됩니다. 다만 위 판결은 해당 상속재산분할협의가 사해행위에 해당하는지의 여부에 대해서는 명시적인 판단을 하지 않고 있으나, 필자가 보기로는 전체적인 해석상 사해행위에 해당하지 않는다고 보는 것이 합당할 것입니다.

(4) 유증의 포기

상속포기와 비슷한 것으로 유증을 포기하는 경우가 있습니다. 즉 피상속인이 누군가에게 재산을 상속할 것을 유언하였으나 채무초과 상태인 수유자는 유증을 포기할 수 있고, 이때 유증의 포기는 사해행위의 대상이 되지 않습니다.

> **대법원 2019. 1. 17. 선고 2018다260855 판결**
> 유증을 받을 자는 유언자의 사망 후에 언제든지 유증을 승인 또는 포기할 수 있고, 그 효력은 유언자가 사망한 때에 소급하여 발생하므로(민법 제1074조), 채무초과 상태에 있는 채무자라도 자유롭게 유증을 받을 것을 포기할 수 있다. 또한 채무자의 유증 포기가 직접적으로 채무자의 일반재산을 감소시켜 채무자의 재산을 유증 이전의 상태보다 악화시킨다고 볼 수도 없다. 따라서 유증을 받을 자가 이를 포기하는 것은 사해행위 취소의 대상이 되지 않는다고 보는 것이 옳다.

(5) 사해행위취소소송의 시효

우리 민법 제406조(채권자취소권) 2.항에서는 「전항의 소는 채권자가 취소원인을 안 날로부터 1년, 법률행위있은 날로부터 5년내에 제기하여야 한다.」라고 규정하고 있습니다. 따라서 위와 같은 규정에 의하면 사해행위취소소송의 시효는 1년과 5년으로 구분될 수 있습니다.

여기서 1년은 '채권자가 취소원인을 안 날'을 기준으로 하는데 이에 대해서 판례는 「채권자취소권의 행사에서 그 제척기간의 기산점인 '채권자가 취소원인을 안 날'은 채권자가 채권자취소권의 요건을 안 날, 즉 채무자가 채권자를 해함을 알면서 사해행위를 하였다는 사실을 알게 된 날을 말한다. 이때 채권자가 취소원인을 알았다고 하기 위해서는 단순히 채무자가 재산의 처분행위를 하였다는 사실을 아는 것만으로는 부족하며, 구체적인 사해행위의 존재를 알고 나아가 채무자에게 사해의 의사가 있었다는 사실까지 알 것을 요한다(대법원 2023. 4. 13. 선고 2021다309231 판결).」라고 판단하고 있습니다. 또한 다른 판례에서는 「취소원인을 안다는 것은 단순히 채무자의 법률행위가 있었다는 사실을 아는 것만으로는 부족하고, 그 법률행위가 채권자를 불리하게 하는 행위라는 것, 즉 그 행위에 의하여 채권의 공동담보에 부족이 생기거나 이미 부족상태에 있는 공동담보가 한층 더 부족하게 되어 채권을 완전하게 만족시킬 수 없게 된다는 것까지 알아야 한다(대법원 2018. 9. 13. 선고 2018다215756 판결).」라고 판단하고 있습니다.

따라서 이와 같은 판례에 의하면 사해행위취소소송에서 의미하는 '채권자가 취소원인을 안 날'은 채무자가 자신의 재산을 감소하게 하는 행위를 하고 이를 채권자가 알았으며 그로 인하여 자신의 채권에 대한 만족을 구할 수 없다는 사실까지 알게 된 것을 의미한다고 할 것입니다.

그리고 시효 5년의 기준이 되는 '법률행위있은 날'에 대해서 법원은 대법원 2021. 6. 10. 선고 2020다265808 판결을 통하여 "사해행위취소의 소는 법률행위가 있은 날부터 5년 내에 제기해야 한다(민법 제406조 제2항). 이는 제소기간이므로 법원은 그 기간의 준수 여부에 관하여 직권으로 조사하여 그 기간이 지난 다음에 제기된 사해행위취소의 소는 부적법한 것으로 각하해야 한다. 어느 시점에서 사해행위에 해당하는 법률행위가 있었는지는 당사자 사이의 이해관계에 미치는 중대한 영향을 고려하여 신중하게 판정하여야 하고, 사해행위에 해당하는 법률행위가 언제 있었는가는 실제로 그러한 사해행위가 이루어진 날을 표준으로 판정하되(대법원 2002. 7. 26. 선고 2001다73138, 73145 판결 참조), 특별한 사정이 없는 한 처분문서에 기초한 것으로 보이는 등기부상 등기원인 일자를 중심으로 그러한 사해행위가 실제로 이루어졌는지 여부를 판정할 수밖에 없다(대법원 2002. 11. 8. 선고 2002다41589 판결 참조)."라고 판단하고 있습니다.

따라서 이와 같은 판례에 의하면 상속재산 중 부동산에 대한 사해행위취소소송의 시효 5년의 기준이 되는 시점은 등기원인일을 기준으로 하게 됩니다.

> **대법원 2021. 6. 10. 선고 2020다265808 판결**
> 사해행위취소의 소는 법률행위가 있은 날부터 5년 내에 제기해야 한다(민법 제406조 제2항). 이는 제소기간이므로 법원은 그 기간의 준수 여부에 관하여 직권으로 조사하여 그 기간이 지난 다음에 제기된 사해행위취소의 소는 부적법한 것으로 각하해야 한다. 어느 시점에서 사해행위에 해당하는 법률행위가 있었는지는 당사자 사이의 이해관계에 미치는 중대한 영향을 고려하여 신중하게 판정하여야 하고, 사해행위에 해당하는 법률행위가 언제 있었는가는 실제로 그러한 사해행위가 이루어진 날을 표준으로 판정하되, 특별한 사정이 없는 한 처분문서에 기초한 것으로 보이는 등기부상 등기원인일자를 중심으로 그러한 사해행위가 실제로 이루어졌는지 여부를 판정할 수밖에 없다.

라. 상속에 관한 채권자의 대위등기 및 강제경매

(1) 상속인의 채권자에 의한 법정상속지분의 등기와 강제경매

피상속인의 사망하게 되면 피상속인의 상속재산은 별도의 등기가 없어도 상속인들에게 법정상속분을 기준으로 상속됩니다. 그런데 상속등기에는 별다른 기한이 없습니다. 따라서 상속인들이 피상속인 명의의 상속부동산을 상당기간 피상속인 명의로 그대로 유지하는 경우가 있습니다.

그런데 이때 상속인의 채권자는 상속인 전원을 대상으로 법정상속지분의 상속등기와 채무자인 상속인의 지분에 대한 가압류, 강제경매 등을 신청할 수 있습니다. 상속인의 채권자가 상속인에 대한 과거의 판결문으로 대위등기와 강제경매를 동시에 신청하게 되면 아래와 같이 기재됩니다.

갑 구				
3	소유권이전	2023년1월23일 제12345호	2022년1월2일 상속	공유자 지분 7분의 3 XXX (580123-2123456) XX시 XX구 XX로 1 지분 7분의 2 XXX (580123-2123456) XX시 XX구 XX로 1 지분 7분의 2 XXX (580123-2123456) XX시 XX구 XX로 1
				대위자 주식회사 XXX대부 XX시 XX구 XX로 5 대위원인 XX지방법원 2009가소1234 집행력있는 판결정본에 의한 강제집행을 위한 경매에 필요함)
4	3번 XXX지분강제 경매개시결정	2023년1월23일 제12346호	2023년4월5일 XX지방법원의 강제경매개시결정 (2023타경1234)	채권자 주식회사 XXX대부 (11011111-1234567) XX시 XX구 XX로 5

> ### 공동상속인중 일부의 상속지분만에 관한 상속등기의 가부 [등기선례 제1-307호, 시행]
> 공동상속인중 일부가 자기의 상속지분만에 관하여 상속으로 인한 소유권이전등기신청을 한 경우에 이는 사건이 등기할 것이 아닌 때에 해당 하므로 부동산등기법 제55조 제2호에 의하여 각하하여야 할 것이다.
>
> ### 대위상속등기 제정 1994. 11. 5. [등기선례 제4-274호, 시행]
> 채권자가 민법 제404조의 규정에 의하여 채무자에 대위하여 상속으로 인한 소유권이전등기를 신청할 때에는 공동상속인중 일부인 채무자겸 상속인의 상속지분만에 대하여 상속으로 인한 소유권이전등기를 신청할 수는 없고 공동상속인 전원에 대하여 상속으로 인한 소유권이전등기를 신청하여야 한다.

(2) 상속인의 채권자가 할 대위등기와 강제집행에 대한 대응

(가) 협의분할

상속인들은 상속재산분할에 대한 협의나 상속재산분할심판청구 등을 통하여 법정상속지분을 기준으로 하는 잠정적 공유상태를 확정적 공유상태로 변경할 수 있습니다. 따라서 상속인들 전원의 협의로 채무자인 상속인의 상속지분을 0으로 하는 분할협의도 가능합니다. 그리고 이러한 협의분할은 상속개시 당시로 소급하여 그 효력을 갖게 됩니다. 그러나 또한 한편으로는 이러한 협의분할은 제삼자의 권리를 해하지 못합니다.

따라서 상속인의 채권자가 이미 상속인들 명의의 대위등기를 마친 후 채무자인 상속인의 지분에 대한 강제경매를 신청했다면, 협의분할에 대한 소급효로 강제경매의 등기에 대한 말소청구를 할 수 없습니다.

민법

제1013조(협의에 의한 분할)

① 전조의 경우외에는 공동상속인은 언제든지 그 협의에 의하여 상속재산을 분할할 수 있다.

② 제269조의 규정은 전항의 상속재산의 분할에 준용한다.

제1015조(분할의 소급효)

상속재산의 분할은 상속개시된 때에 소급하여 그 효력이 있다. 그러나 제삼자의 권리를 해하지 못한다.

(나) 상속재산분할심판

상속인의 채권자가 대위등기를 신청한 후 채무자인 상속인의 상속지분을 기준으로 강제경매를 신청한 경우에, 상속인들이 상속재산분할심판청구소송을 통하여 채무자인 상속인의 상속지분을 0으로 하는 심판을 받아 채무자인 상속인애 대한 강제경매를 취소할 수 있는지가 문제가 될 수 있습니다. 아직 필자는 이와 같은 경우를 실무에서 경험한 사실은 없으나, 채무자인 상속인이 참여한 상속재산분할협의에 대해서 신청한 사해행위의 범위가 법정상속분이 아닌 사전증여를 반영한 구체적 상속분인 사실을 인정하고 있는 법리에 의하면 가능하다고 판단됩니다.

이때 다른 상속인들은 채무자인 상속인의 법정상속지분에 대하여 상속권을 피보전권리로 하는 가처분을 신청한 후 상속재산분할심판청구를 하고 이것을 근거로 상속인의 채권자에 대한 제3자 이의소송을 제기하고 다시 제3자 이의소송의 접수증을 발급받아 강제경매집행정지를 신청할 수 있습니다.

이후 상속재산분할심판청구의 심문 결과 채무자인 상속인의 구체적 상속분이 0으로 확정되면, 해당 심판문으로 제3자 이의소송을 진행하여 인용(즉 승소) 판결을 받은 후 강제집행정지 사건에서 해당 강제경매를 취소한다는 판결을 받을 수 있습니다. 그리고 이후 심판문의 비율에 따라 기존에 해당 상속인의 채권자가 대위등기한 법정상속분을 심판문에서 기재한 비율에 따른 비율로 경정신청을 함으로써 상속인들의 지분을 정정할 수 있습니다.

그런데 채무자인 상속인의 구체적 상속분이 0이 아니고 '0 〈 구체적 상속분 〈 법정상속분'으로 법정상속분보다는 작지만 0보다는 많은 경우가 문제가 될 수 있습니다. 즉 강제집행의 전부를 말소할 수 없으므로 구체적 상속분의 심판문을 받았다고 하더라도 경정등기를 신청할 수 없습니다. 이러한 경우에는 부득이하게 제3자 이의소송을 통하여 경매할 지분을 구체적 상속분으로 변경하고 강제경매가 진행되어 낙찰됨으로써 해당 지분이 해소된 후 법정상속지분을 초과하는 구체적 상속분에 해당하는 지분을 자신의 구체적 상속분을 초과해서 법정상속지분의 등기를 취득한 상속인들을 상대로 소유권이전등기청구소송을 신청하는 방법으로 풀어 갈 수 있다고 볼 수 있습니다.

물론 상속재산분할심판청구에서 소유권이전등기로 변경할 수 있으나, 가정법원이 구체적 상속비율만을 판단해 주는 경우에는 부득이하게 별소를 제기할 수 밖에 없다고 할 것입니다.

(다) 유증

유언은 포괄적 유증과 특정유증으로 구분할 수 있습니다. 그런데 이와 같은 유증의 등기를 하기 전에 채무자인 상속인에 대한 채권자가 대위등기를 하고 강제집행의 등기를 하게 되면 유증을 받은 당사자인 수유자가 유증을 원인으로 하는 등기를 할 수 없게 됩니다.

그런데 법원은 「포괄적 유증을 받은 자는 민법 제187조에 의하여 법률상 당연히 유증받은 부동산의 소유권을 취득하게 되나, 특정유증을 받은 자는 유증의무자에게 유증을 이행할 것을 청구할 수 있는 채권을 취득할 뿐이므로, 특정유증을 받은 자는 유증받은 부동산의 소유권자가 아니어서 직접 진정한 등기명의의 회복을 원인으로 한 소유권이전등기를 구할 수 없다(대법원 2003. 5. 27. 선고 2000다73445 판결).」라고 판단하고 있습니다.

따라서 포괄적 유증을 받은 당사자는 민법 제187조에 의하여 등기 없이도 당연히 유증의 목적인 부동산의 소유권을 취득하게 됩니다. 반면에 특정유증을 받은 상속인은 단지 상속인들에게 유증을 원인으로 하는 소유권이전등기청구권만을 갖게 될 뿐입니다.

그러므로 포괄적 유증을 받은 수유자는 채무자인 상속인 명의로 마쳐빈 법정상속지분을 기준으로 하는 상속등기에 관하여 유증에 의한 소유권이전등기청구권을 피보존권리로 하는 가처분을 신청하여 다른 채권자들이 채무자인 상속인의 지분에 추가적인 압류나 강제집행하는 것을 차단하면서 제3자 이의소송과 강제집행정지를 신청할 수 있습니다.

그러나 특정유증은 상속인에 대한 채권적 권리인 소유권이전등기청구권만을 취득하는 것이므로 채무자인 상속인을 대상으로 등기를 마친 채권자의 강제집행등기에 대한 말소를 청구할 수 없습니다.

> 민법 제7조(등기를 요하지 아니하는 부동산물권취득)
> 상속, 공용징수, 판결, 경매 기타 법률의 규정에 의한 부동산에 관한 물권의 취득은 등기를 요하지 아니한다. 그러나 등기를 하지 아니하면 이를 처분하지 못한다.

(라) 상속포기

채무자인 상속인은 민법 제1019조의 규정에 따라 피상속인이 사망함으로써 자신이 상속인이 된 사실을 안 날로부터 3개월 안에 상속포기를 신청할 수 있습니다. 그런데 채무자인 상속인이 상속포기를 신청하여 심판문을 송달받고 해당 심판문을 첨부하여 해당 상속인을 제외한 나머지 상속인들 명의로 상속등기를 마치기 전에 채무자인 상속인의 채권자가 대위등기와 강제집행 등기를 신청할 수 있습니다.

이에 대해서 직접적인 판례는 없으나 채무자인 상속인의 상속포기가 사해행위취소소송의 대상이 아니라는 점에서는 대위등기는 분할협의에 따라 경정되고 강제집행의 등기는 말소될 등기로 판단할 수 있으나, 상속포기의 심판문을 수령하기 전에는 잠정적으로 피상속인의 재산을 당연취득한다(대법원 2021. 9. 15. 선고 2021다224446 판결)는 점을 고려한다면, 말소될 수 없다고 할 것입니다. 따라서 상속인 중 채무자인 상속인이 있다면 가능한 빠른 등기가 필요합니다.

그런데 법원은「상속인 갑이 상속포기 신고를 하였는데, 나머지 공동상속인들이 위 신고가 수리되면 갑은 처음부터 상속인에 해당하지 않는다고 생각하여, 상속포기 신고를 한 날 갑을 제외한 채 상속재산분할협의를 한 사안에서, 상속포기가 사해행위취소의 대상이 될 수 없고, 설령 갑이 상속재산분할협의에 참여하여 당사자가 되었더라도 협의 내용이 갑의 상속포기를 전제로 상속재산에 대한 권리를 인정하지 아니하는 것으로서 같은 날 행하여진 갑의 상속포기 신고가 그 후 수리됨으로써 상속포기의 효과가 적법하게 발생한 이상 이를 달리 볼 것이 아니다(대법원 2011. 6. 9. 선고 2011다29307 판결)」라고 판단하고 있습니다.

이것을 실무에 대입하면 채무자인 상속인이 상속포기 신청을 한 후 분할협의에 참여해서 자신의 상속분을 0으로 하는 협의를 마친 후 다른 상속인들 명의로 상속등기를 마쳤다고 하더라도 해당 협의분할은 사해행위 대상이 되지 않는다는 것입니다.

또한 여기서 상속포기를 신청한 상속인이 심판문의 수령 전에 상속재산분할협의에 참여하는 것이 상속재산의 처분행위로 판단되어 단순승인으로 전환될 가능성을 고려해 볼수 있습니다. 그런데 만일 이러한 상속포기의 신청을 단순승인으로 보게 되면 결국 사해행위 대상이 되는 일반적인 분할협의와 같게 되므로 상속포기를 신청한 후 자신의 상속분을 0으로 하는 분할협의를 하더라도 단순승인에 해당하지 않는다고 할 것입니다.

그러므로 실무적인 측면에서 보면, 피상속인의 사망으로 상속이 개시되었는데 상속인들 중 채무자가 있는 경우에는 채무자인 상속인이 상속포기를 신청한 후 해당 상속인의 상속분을 0으로 하는 분할협의를 하고 이것을 전제로 하는 상속등기를 마침으로써 채무자인 상속인의 채권자들이 상속재산에 대한 대위등기를 통하여 채무자인 상속인의 지분에 대한 강제집행이 이루어지는 것을 차단하는 것이 합당하다고 할 것입니다.

마. 상속채권자의 시효연장을 위한 소송

피상속인이 사망한 후 상속인이 한정승인 또는 상속포기를 했음에도 불구하고 피상속인에 대해서 생전에 확정판결을 취득한 상속채권자가 상속인을 상대로 시효연장을 위해서 다시 소송을 제기하는 경우가 있습니다.

만일 일정한 금액의 지급을 구하는 이행청구를 하는 경우에 한정승인 또는 상속포기한 상속인들은 상한정승인과 상속포기로 이에 대항할 수 있습니다.

그러나 상속채권자가 'ㅇㅇ지방법원 20ㅇㅇ가합ㅇㅇㅇ 대여금 사건의 판결에 기한 원고의 피고들에 대한 채권의 소멸시효 중단을 위하여 이 사건 소가 제기되었음을 확인한다'는 취지의 시효중단을 위한 재판상 청구 확인의 소를 제기하는 경우에는 한정승인과 상속포기의 효력으로 대응할 수 없습니다.

시효중단을 위한 확인소송의 소송물은 청구권의 실체적 존부 및 범위는 배제된 채 전소에서 판결이 확정된 구체적 청구권에 관하여 시효중단을 위한 재판상의 청구를 통한 시효중단의 법률관계에 한정되고, 이러한 확인 판결은 전소 판결로 확정된 청구권의 시효중단 외에 다른 실체법상 효력을 가지지 않으므로 채무자는 이와 같은 확인 판결의 확정 여부와 관계없이 언제라도 전소 판결의 변론종결 후에 발생한 사유에 기하여 청구이의의 소를 제기할 수 있으며, 그 청구이의 사유의 존재 여부는 거기서 비로소 심리됩니다(대법원 2018. 10. 18. 선고 2015다232316 전원합의체 판결).

결국 시효중단을 위한 확인소송은 선행 판결로 확정된 청구권의 시효중단 외에 다른 실체법상 효력을 가지지 않으므로 해당 소송에서는 청구권의 존부 및 범위와 같은 실체적 법률관계에 관한 심리를 할 수 없고, 선행 판결 확정 이후에 집행력을 배제시키는 사유인 한정승인 또는 상속포기를 이유로 별도의 청구이의의 소를 제기하여 다툴 수밖에 없습니다.

11. 상속재산파산제도

상속포기 또는 한정승인을 신청하는 경우 상속재산파산제도에 대한 문의를 하고는 합니다.

그런데 실제 실무에서는 상속재산파산제도를 이용하기보다는 대리인을 선임하거나 직접 신청하는 경우가 많습니다.

그 이유는 상속재산파산신청서를 접수할 당시 납부하는 수수료도 있지만 실제로는 기재할 내역이 복잡하고 피상속인의 생전재산 처분내역 중 사망하기 1년 이내에 1,000만 원 이상 처분된 재산의 사용처를 밝히고 심지어 피상속인의 배우자와 부모 및 자녀들 즉 1순위 상속인의 일부 재산내역까지 기재하도록 하는 것에 대한 거부감 때문은 아닐까 생각합니다.

상속재산 파산 신청서

신청인(상속인)

성명: (주민등록번호: –   )

주소: (우편번호:)

송달 장소: (우편번호:)

송달영수인:

연락처:휴대전화번호(   ), 집 전화번호(   ), 이메일 주소(   )

채무자

성명: 피상속인 망   의 상속재산   (주민등록번호: –   )

피상속인의 최후주소: (우편번호:)

등록기준지:

신 청 취 지

1. 망 _____의 상속재산에 대하여 파산을 선고한다.
2. 이 사건 파산절차에 파산관재인을 선임한다.
라는 결정을 구합니다.

신 청 이 유

1. 망 _____은(는) 20____. . . 사망하였는데, 상속인으로 배우자   , 자   , 자   _____이(가) 있습니다.
2. 망 _____의 사망 당시 상속재산은 약   ,   ,   원이나, 상속채무는 약   ,   ,   원에 달하여 망 ____의 상속재산으로는 상속채권자들에 대한 채무를 완제할 수 없는 상태에 있습니다.
3. 이에 망 ____의 상속인 ____은(는) ____가정(지방)법원 20○○느단 ○○호로 상속한정승인신고를 하여 20 . . . 한정승인신고가 수리되었는바, 채무자의 회생 및 파산에 관한 법률 제299조제1항 및 제2항, 동법 제307조에 따라 망

_____의 상속재산에 대하여 파산을 신청하오니 신청취지와 같은 결정을 내려주시기 바랍니다.

첨 부 서 류

1. 피상속인의 제적등본, 기본증명서, 가족관계증명서, 혼인관계증명서, 친양자입양관계증명서, 말소자초본
2. 상속인의 주민등록초본, 인감증명서
3. 채권자목록, 채권자 주소, 재산목록

20   .   .   .

신청인   (서명 또는 날인)

파산사건번호	
배당순위번호	
재 판 부	제 단독

휴대전화를 통한 정보수신 신청서

위 사건에 관한 파산선고결정 정보를 예납의무자가 납부한 송달료 잔액 범위 내에서 휴대전화를 통하여 알려주실 것을 신청합니다.

■ 휴대전화번호:

신청인   (서명 또는 날인)

※ 파산선고결정이 있으면 신속하게 위 휴대전화로 문자메시지가 발송됩니다.
※ 문자메시지 서비스 이용 금액은 메시지 1건당 17원씩 납부된 송달료에서 지급됩니다(송달료가 부족하면 문자메시지가 발송되지 않습니다). 추후 서비스 대상 정보, 이용 금액 등이 변동될 수 있습니다.

법원 귀중

채권자목록

순번	채권자명	차용 또는 구입 일자	발생 원인	최초 채권액	사용처	보증인	잔존 채권액	
							잔존 원금	잔존 이자 지연손해금
※ 채권의 '발생원인'란에는 아래 해당 번호를 기재함 ① 금원차용(은행대출,사채 포함), ② 물품 구입(신용카드로 구입한 것도 포함), ③ 보증(피보증인 기재), ④ 기타					합계		잔존 원금	잔존 이자 · 지연손해금

채권자목록 기재 방법

※ 양식

순번	채권자명	차용 또는 구입 일자	발생 원인	최초 채권액	사용처	보증인	잔존 채권액	
							잔존 원금	잔존 이자 지연손해금
1	OO카드 (주)	01.1.7- 05.1.31	②	6,000,000	생활비	김이순	5,234,567	789,456
1-1	김이순	02.5.8	①	6,000,000			미정	미정
2	OO은행 (주)	02.5.8	①	10,000,000	창업자금		10,000,000	2,456,789
9	허OO	03.6.9	①	5,000,000	병원 치료비		5,000,000	1,150,000

※ 채권의 '발생원인'란에는 아래 해당 번호를 기재함 ① 금원차용(은행대출,사채 포함), ② 물품 구입(신용카드로 구입한 것도 포함), ③ 보증(피보증인 기재), ④ 기타	합계	잔존 원금	잔존 이자 지연손해금
	24,630,812	20,234,567	4,396,245

※ 기재 방법

채권자목록에 기재하여야 할 사항을 한 가지라도 기재하지 아니하거나 허위 또는 부정확하게 기재하는 경우에는 파산절차가 진행되지 아니하거나 불리하게 작용할 수 있으니 주의하시기 바랍니다.

1. 채권자목록은 채무별로 순번을 달리하여 기재하십시오. 다만, 같은 채권자에 대한 여러 개의 채무는 연이어 기재하되, 발생 원인이 오래된 것부터 날짜 순서에 따라 기재하십시오.

2. 『채권자명』란에는 법인과 개인을 구분하여 채권자의 성명이나 법인 명칭을 정확히 기재하십시오. 채권자의 성명은 가족관계증명서 또는 주민등록등본이나 법인등기부등본상 주소와 일치하여야 하며, 법인의 경우에는 대표자까지 기재하여야 합니다(※ 잘못된 기재례: 순이 엄마, 영주댁, ○○상사).

3. 채무자를 위하여 보증을 해 준 사람이 있으면 그 보증인도 『보증인』란에 정확하게 기재하여야 합니다. 보증으로 인한 구상채무는 보증인이 보증한 채무의 바로 다음에 기재하되, 『순번』란에는 보증한 채권의 순번에 가지번호(예:3-1)를 붙여 표시하고, 『잔존채권액·잔존원금 / 잔존 이자·지연손해금』란에는 '미정'이라고 기재하십시오.

4. 『차용 또는 구입일자』란에는 원래 차용 또는 구입 일자를 기재하고 채권양도 시 양도일자를 그 옆에 ( )를 표시하여 추가하며, 『발생원인』란에는 표 하단에 기재된 발생원인의 해당번호를, 『최초 채권액』란에는 채무가 발생할 당시의 금액을, 『사용처』란에는 구체적 사용 용도 또는 구입 물품을 각각 기재하십시오.

5. 『잔존 채권액·잔존원금 / 잔존 이자·지연손해금』란에는 파산신청 당시까지 채무자(채무자)가 갚지 못하고 있는 채무의 원금과 이자·지연손해금을 각 채권자별로 구분하여 기재하고, 하단의 『합계』란에는 채무의 총액을 기재하며, 『잔존원금』, 『잔존 이자·지연손해금』란에는 각각의 합계액을 반드시 기재하십시오.

채권자 주소

1. 채권자의 주소는 신청일 당시의 주소로 번지까지(건물번호까지) 정확하게 기재하고, 채무자를 위하여 **보증을 해 준 사람이 있으면 그 보증인의 주소까지 정확히 기재하여야 합니다.**

2. 채권자가 금융기관이나 기타 법인인 경우에는 본점 소재지 또는 거래 지점의 소재지를 정확하게 기재하여야 합니다.

순번	채권자명	주소	전화번호	팩스	비고 (우편번호)

재 산 목 록

※ 먼저, 다음 재산목록 요약표에 해당 재산이 있는지 √하고, 「□ 있음」에 √한 경우에는
아래 해당 항목에서 자세히 기재하시기 바랍니다. 이 양식을 파일형태로 이용할 경우 아래
표 중 에「□ 있음」에 √한 부분만 출력하여 제출하여도 됩니다. 따라서 모두「□ 없음」에 √한
경우에는 아래 표 다음 부분을 생략할 수 있습니다 (실제로는 재산 처분이 있었음에도 불구
하고, '지급불가능 시점의 1년 이전부터 ~ 현재까지 재산 처분 여부'의 '없음'에 √해
놓고는 부동산등기부등본 등 소명자료를 뒷부분에 편철해 놓는 경우가 있는데, 이와 같이
재산목록 요약표와 소명자료 또는 진술서의 기재 내용이 서로 불일치한 경우에는 허위진
술 내지 불성실한 신청으로 간주되어 불이익한 처분을 받을 수 있습니다).

재산목록 요약표

1. 현금	□ 있음 □ 없음	6. 매출금	□ 있음 □ 없음	11. 지급불가능 시점의 1년 이전부터 현재까지 재산 처분 여부	□ 있음 □ 없음
2. 예금	□ 있음 □ 없음	7. 퇴직금	□ 있음 □ 없음	12. 최근 2년간 받은 임차보증금	□ 있음 □ 없음
3. 보험	□ 있음 □ 없음	8. 부동산	□ 있음 □ 없음	13. 이혼재산분할	□ 있음 □ 없음
4. 임차보증금	□ 있음 □ 없음	9. 자동차·오토바이	□ 있음 □ 없음	14. 상속재산	□ 있음 □ 없음
5. 대여금	□ 있음 □ 없음	10. 기타 재산(주식, 특허권, 귀금속 등)	□ 있음 □ 없음	15. 친족의 재산	□ 있음 □ 없음
파산관재인 선임 희망 여부		□ 희망 ■ 불희망			

1) 현금: 금액 (원)

2) 예금

금융기관명(   ) 계좌번호(   ) 잔고 (원)
금융기관명(   ) 계좌번호(   ) 잔고 (원)
금융기관명(   ) 계좌번호(   ) 잔고 (원)
금융기관명(   ) 계좌번호(   ) 잔고 (원)

☆ 은행 이외의 금융기관에 대한 것도 포함합니다.
☆ 예금잔고가 소액이라도 반드시 기재하고 파산신청 시의 잔고(정기예금분을 포함)와 최종 금융거래
   일로부터 과거 6개월간의 입출금이 기장된 통장 사본 또는 예금거래내역서를 첨부하여 주십시오.

3) 보험(생명보험, 화재보험, 자동차보험 등)

보험회사명(   ) 증권번호(   ) 해약반환금 (원)
보험회사명(   ) 증권번호(   ) 해약반환금 (원)
보험회사명(   ) 증권번호(   ) 해약반환금 (원)

☆ 파산신청 당시에 가입하고 있는 보험은 해약반환금이 없는 경우에도 반드시 전부 기재하여 주십시오.
☆ 보험증권사본과 파산신청시의 해약반환금 예상액(없는 경우에는 없다는 사실)을 기재한 보험회사
   작성의 증명서를 첨부하여 주십시오.

4) 임차보증금

임차물건(   ), 임차보증금 (원), 반환예상금 (원)

☆ 반환예상금란에는 채무자가 파산신청일을 기준으로 임대인에게 임차물건을 명도할 경우 임대인으
   로부터 반환 받을 수 있는 임차보증금의 예상액을 기재하여 주십시오.
☆ 임대차계약서의 사본 등 임차보증금 중 반환예상액을 알 수 있는 자료를 첨부하여 주십시오.
☆ 상가 임대차의 경우에는 권리금이 있으면 반드시 권리금 액수를 기재해 주시기 바랍니다.

5) 대여금 · 구상금 · 손해배상금 · 계금 등

채무자명(   ) 채권금액 (   ) 회수가능금액 (원)
채무자명(   ) 채권금액 (   ) 회수가능금액 (원)

☆ 계약서의 사본 등 대여금 등을 알 수 있는 자료를 첨부하고, 변제 받는 것이 어려운 경우에는
   그 사유를 기재한 진술서 및 소명자료를 첨부하여 주십시오(회수가 어렵다고 하더라도 반드시
   기재하시고, 대여금뿐만 아니라 구상금, 손해배상금, 계금 등 어떠한 명목으로라도 제3자로부터

받아야 할 돈이 있으면 기재하시기 바랍니다).

6) 매출금(개인 사업을 경영한 사실이 있는 분은 현재까지 회수하지 못한 매출금 채권)

채무자명(　　　) 채권금액 (　　　원) 회수가능금액 (　　　원)

채무자명(　　　) 채권금액 (　　　원) 회수가능금액 (　　　원)

☆ 영업장부의 사본 등 매출금을 알 수 있는 자료를 첨부하고, 변제받는 것이 곤란한 경우에는 그 사유를 기재한 진술서 및 소명자료를 첨부하여 주십시오.

7) 퇴직금

근무처명(　　　　　　) 퇴직금 예상액 (　　　원)

☆ 파산신청 시에 퇴직하는 경우에 지급받을 수 있는 퇴직금예상액(퇴직금이 없는 경우에는 그 취지)을 기재한 사용자 작성의 증명서를 첨부하여 주십시오. 만일 퇴직금채권을 담보로 하여 돈을 차용하였기 때문에 취업규칙상의 퇴직금보다 적은 액수를 지급받게 되는 경우에는 차용에 관한 자료를 첨부하여 주십시오.

8) 부동산(토지와 건물)

종류(토지·건물) 소재지 (　　　　　　　　　　)

시　가 (　　　원) 등기된 담보권의 피담보채권 잔액(　　　원)

종류(토지·건물) 소재지 (　　　　　　　　　　)

시　가 (　　　원) 등기된 담보권의 피담보채권 잔액(　　　원)

☆ 등기부등본 등과 재산세과세증명서, 인근 중개업소나 인터넷에서 확인한 적어도 2곳 이상의 시가확인서 등 시가증명자료를 첨부하여 주십시오.

☆ 저당권 등 등기된 담보권에 대하여는 은행 등 담보권자가 작성한 피담보채권의 잔액증명서 등의 증명자료를 첨부하여 주십시오(가압류나 압류는 등기된 담보권이 아니므로 그 가액을 표시할 때는 가압류나 압류임을 명시하여 주시기 바랍니다).

☆ 경매진행 중일 경우에는 경매절차의 진행 상태를 알 수 있는 자료를, 배당이 완료된 경우에는 배당표를 제출하여 주십시오.

9) 자동차(오토바이를 포함)

차종 및 연식(　　　　) 등록번호(　　　) 시가 (　　　원)

등록된 담보권의 피담보채권 잔액(　　　원)

☆ 자동차등록원부와 시가증명자료를 첨부하여 주십시오.

10) 기타 재산적 가치가 있는 중요 재산권(주식, 회원권, 특허권, 귀금속, 미술품 등)

품목명(   )   시가 (원)

품목명(   )   시가 (원)

11) 진술서 4.(3) 기재 지급 불가능 시점의 1년 이전부터 현재까지 사이에 처분한 <u>1,000만원 이상의 재산</u>(다만, 여러 재산을 처분한 경우 그 합계액이 1,000만 원 이상이면 모두 기재하여야 하고, 부동산은 1,000만 원 미만이라도 기재하여야 한다.)

_____

_____

_____

☆ 처분의 시기, 대가 및 대가의 사용처를 상세히 기재하여 주시기 바랍니다. 그리고 여기서 말하는 재산의 처분에는 보험의 해약, 정기예금 등의 해약, 퇴직에 따른 퇴직금 수령 등도 포함합니다. 주거이전에 따른 임차보증금의 수령에 관하여는 다음의 12항에 기재하여 주시기 바랍니다.

☆ 특히 부동산이나 하나의 재산의 가액이 1,000만 원 이상의 재산을 처분한 경우에는 처분 시기와 대가를 증명할 수 있는 등기부등본, 계약서사본, 영수증 사본과 처분대가의 사용처를 증명할 수 있는 자료를 첨부하시기 바랍니다(경매로 처분된 경우에는 배당표를 제출하여 주십시오).

12) 최근 2년 이내에 주거이전에 따른 임차보증금을 수령한 사실

_____

_____

_____

☆ 임대차계약서사본과 수령한 임차보증금의 사용처를 증명할 수 있는 자료를 첨부하시기 바랍니다.

13) 최근 2년 이내에 이혼에 따라 재산분여(할)한 사실

_____

_____

_____

☆ 분여한 재산과 그 시기를 기재하여 주십시오. 그리고 분여한 재산의 가치를 나타내는 자료를 첨부하여 주시기 바랍니다(이혼 당시 배우자의 보유 재산이 어느 정도인지 아래 15.항의 양식을 참조하여 기재하여 주십시오).

14) 친족의 사망에 따라 상속한 사실

　　　　　　년　　월　　일 부·모_____의 사망에 의한 상속

　　상속상황

　　　　　　　ㄱ 상속재산이 전혀 없었음

　　　　　　　ㄴ 신청인의 상속포기 또는 상속재산 분할로 다른 상속인이 모두 취득하였음

　　　　　　　ㄷ 신청인이 전부 또는 일부를 상속하였음

　　주된 상속재산과 그 처분의 경과

_____

_____

_____

☆ ㄴ 또는 ㄷ항을 선택한 분은 주된 상속재산을 기재하여 주시기 바랍니다.

☆ ㄴ항을 선택한 분은 다른 상속인이 주된 상속재산을 취득하였다는 사실을 증명하는 자료를 첨부하여 주십시오. 부동산인 경우에는 다른 상속인이 소유자로 되어 있는 등기부등본을 첨부하여 주십시오.

☆ ㄷ항을 선택한 분으로 상속한 주된 재산을 이미 처분한 분은 그 처분의 경과와 대가의 사용처를 상세히 기재하고, 그 사실을 증명하는 자료를 첨부하여 주십시오.

15) 배우자, 부모, 자녀 명의의 1,000만 원 이상의 재산(1인 명의 재산이 1,000만 원 이상일 때)

　　재산의 종류(　　　　　　　　　　)

　　재산의 명의자(　　　　　　　　　　), 채무자와의 관계(　　　　　　　)

　　재산의 시가(　　　　　　　　　), 재산에 관한 피담보채무(　　　　　　　　)

　　재산 취득 시기(　　　　　　　　)

　　재산 취득 자금 마련 경위(　　　　　　　　　　　　　　　　　　)

☆ 재산이 부동산인 경우에는 등기부등본 등과 재산세과세증명서, 인근 중개업소나 인터넷에서 확인한 적어도 2곳 이상의 시가확인서 등 시가증명자료를 첨부하여 주십시오.

☆ 재산 취득시기가 지급이 불가능하게 된 시점으로부터 2년 이내인 경우에는 재산 취득 자금 마련 경위에 관한 소명자료(예를 들어 재산 명의자의 취득 자금에 관한 금융 거래 명세 등)를 첨부하여 주십시오.

16) 기타 관련 재산

_____

_____

_____

12. 상속포기와 한정승인과 다른 법률행위의
관계

가. 대습상속과 상속포기, 한정승인

피상속인이 생전에 과도한 채무를 부담한 후 사망하게 됨으로써 상속인들이 상속포기를 한 경우에 피상속인이 생존했다면 상속인이 되었을 피상속인이 사망하는 경우 즉 할아버지와 아버지 그리고 아들이 있는 경우에 아버지가 할아버지보다 먼저 사망한 후 그다음에 할아버지가 사망하게 되면 할아버지를 피상속인, 할아버지보다 먼저 사망한 아버지를 피대습인, 손자를 대습인이라고 합니다.

일반적으로 피상속인이 사망하게 되면 대습인은 피대습인의 상속인의 지위를 상속받게 됩니다. 따라서 피상속인에게 배우자와 자녀A와 자녀B가 있는데 자녀B가 먼저 사망해서 며느리와 손자C를 두었다면 원래 피상속인이 사망하면 배우자가 3/7지분, 자녀A가 2/7지분, 자녀B가 2/7지분을 기분으로 상속받게 되나, 자녀B는 피상속인보다 먼저 사망하였으므로, 자녀B의 법정상속지분 2/7은 며느리 3/5지분, 손자C 2/5지분으로 분할됩니다. 따라서 이때 최종상속지분은 피상속인의 배우자가 3/7지분, 생존 중인 자녀A가 2/7지분, 피상속인보다 먼저 사망하여 피대습인이 된 자녀B의 상속인인 며느리가 6/35지분(= 2/7X 3/5), 손자C가 4/35지분(= 2/7X 2/5)을 상속을 받게 됩니다. 따라서 대습인들은 피대습인의 상속지분을 그대로 승계받게 되는 것이므로, 대습인들의 상속분의 원천은 피대습인의 상속분과 상속권입니다.

그런데 간혹 피대습인(아버지)가 사망했는데 많은 채무가 있어서 며느리와 손자가 상속포기를 하는 경우가 있습니다. 이와 같이 피대습인에 대해서 상속을 포기한 경우에도 피상속인이 사망하면 대습인들이 피상속인의 상속재산에 대한 상속분이 있느냐의 문제가 됩니다.

이에 대해서 대법원 2017. 1. 12. 선고 2014다39824 판결에서는 "상속포기의 효력은 피상속인의 사망으로 개시된 상속에만 미치고, 그 후 피상속인을 피대습자로 하여 개시된 대습상속에까지 미치지는 않는다. 대습상속은 상속과는 별개의 원인으로 발생하는 것인 데다가 대습상속이 개시되기 전에는 이를 포기하는 것이 허용되지 않기 때문이다. 이는 종전에 상속인의 상속포기로 피대습자의 직계존속이 피대습자를 상속한 경우에도 마찬가지이다."라고 판단하고 있습니다. 따라서 이와 같은 판례에 의하면 할아버지가 사망하기 전에 아버지에 대한 상속포기를 한 손자는 후에 할아버지가 사망했다고 하더라도 할아버지의 재산으로부터 상속을 받게 됩니다.

그런데 이와 같은 법리가 한정승인에도 적용될 수 있는지가 문제가 됩니다. 한정승인의 경우 피대습인의 상속재산(적극재산) 한도 내에서 상속채무(소극재산)를 변제할 것을 조건으로 하되 상속인의 지위는 그대로 유지하는 것이므로 상속인의 지위 자체를 포기하는 상속포기와 구분됩니다. 이에 대해서 대법원 판례는 아직 없는 것으로 알고 있으나 필자의 생각으로는 한정승인이 피상속인의 채무로 인하여 상속인이 곤경에 처하는 것을 방지하기 위한 제도인 점, 피대습인에 대하여 상속포기를 했다고 하더라도 피상속인으로 부터 상속을 받을 수 있다는 판례, 상속이 개시되기 전에는 상속인의 권리를 행사하거나 처분할 수 없다는 점 등을 고려한다면, 피대습인에 대해서 한정승인을 한 상속인은 당연히 대습인의 지위를 취득하여 피상속인으로부터 상속을 받게 되나, 피대습인의 상속채무를 상속받은 재산으로 변제할 의무는 없는 것으로 사료됩니다.

나. 실종선고와 상속포기, 한정승인

(1) 실종선고

가까운 누군가가 오랫동안 행방을 알 수 없는 경우에는 민법 제27조의 규정에 따라 가족들 누군가가 실종선고를 할 수 있습니다. 그리고 실종선고가 되면 일반적인 실종의 경우에는 행방을 알 수 없는 날로부터 5년, 위반을 당한 경우에는 1년이 만료된 날에 사망한 것으로 간주됩니다.

이러한 경우 실종자의 사망은 과거로 소급해서 실종기간만료일에 사망한 것으로 간주되나, 상속인들은 실종자에 대한 실종선고가 확정된 날 비로소 자신이 상속인이 된 사실을 알게 되었으므로 실종선고가 확정될 날로부터 3개월 안에 상속포기 또는 한정승인을 할 수 있습니다.

또한 실종자의 실종기간만료일 후에 실종자의 부모가 사망하게 되면 실종자의 배우자와 자녀들은 실종자에 대해서는 최우선순위 상속인의 지위를 취득하는 동시에 실종자의 부모에 대한 대습상속인의 지위도 취득하게 됩니다. 이 경우에도 실종자의 배우자와 가족들은 대습상속인의 지위에서 실종자에 대한 실종선고의 확정일로부터 3개월 안에 실종자의 부모에 대한 한정승인이나 상속포기를 선택할 수 있습니다.

(2) 부재자재산관리인 선임 후의 실종선고

그런데 부재자재산관리인이 선임된 후 또는 소급된 실종자의 실종만료일 후부터 실종선고의 확정일 사이에 실종자의 재산을 취득하거나 처분한 경우에 민법 제1026조의 규정에 따른 상속재산에 대한 처분행위로 간주되어 단순승인으로 인정될 가능성을 배제할 수 없습니다. 그러나 이 경우에 대한 대법원의 확립된 판례는 아직 없는 것으로 알고 있습니다. 따라서 이 경우 여러 가지 법리를 종합하여 판단할 수밖에 없습니다.

그러나 부재자재산관리인의 선임이 법원의 판결에 따른 점, 재산관리인이 어떠한 처분행위를 한다고 하더라도 이는 법원의 허가를 받은 점, 또한 실종선고가 있기 전까지의 재산처분행위로 인하여 관계를 맺은 제3자에 대하여 실종선고를 이유로 소급해서 무효로 하거나 대항할 수 없는 점 등을 고려한다면 부당이득의 반환문제는 발생할 수 있을 수 있으나, 민법 제1026조에서 의미하는 처분행위로 볼 수 없다고 할 것입니다.

그러므로 만일 부재자재산관리인이 실종선고가 있기 전에 처분행위를 한 경우 또는 실정된 후 실종선고 전까지의 사이에 처분행위는 민법 제1026조의 처분행위와 구분된다고 할 것입니다.

다. 상속포기와 유류분반환청구권

(1) 유류분의 계산공식

유류분은 민법이 상속인에게 보장하는 최소한의 상속분으로 배우자와 직계비속(예: 자녀 등)인 경우에는 법정상속분의 1/2이고, 직계존속(예: 부모 등)과 형제자매인 경우에는 1/3됩니다. 그리고 법원은 아래와 같은 산식을 통해서 반환청구할 수 있는 유류분 공식을 제공하고 있습니다.

> **서울고등법원 2017. 8. 18. 선고 2016나2054092 판결**
> 유류분 부족액 = [유류분 산정의 기초가 되는 재산(A) × 당해 유류분권리자의 유류분 비율(B)] − 당해 유류분권리자의 특별수익액(C) − 당해 유류분권리자의 순상속분액(D)
> A = 적극적 상속재산 + 증여액 + 유증액 − 상속채무액
> B = 피상속인의 형제자매는 그 법정상속분의 1/3
> C = 당해 유류분권리자의 수증액 + 수유액
> D = 당해 유류분권리자가 상속에 의하여 얻는 재산액 − 상속채무 분담액

(2) 유류분권자의 상속포기

유류분반환청구권은 법정상속분의 1/2 또는 1/3이 됩니다. 그리고 법정상속분은 상속인이 갖는 권리입니다. 따라서 법정상속분이 없다면 유류분도 없고 유류분이 없으니 침해된 유류분도 없고 유류분반환청구권도 애당초 발생하지 않습니다.

그런데 민법 제1042조(포기의 소급효)에서는 '상속의 포기는 상속개시된 때에 소급하여 그 효력이 있다.'라고 규정하고 있고, 대법원 2011. 6. 9. 선고 2011다29307 판결에서는 '상속의 포기는 상속이 개시된 때에 소급하여 그 효력이 있고, 포기자는 처음부터 상속인이 아니었던 것이 된다.'라고 판단하고 있습니다.

따라서 어떤 상속인이 민법 제1041조의 규정에 따라 자신이 상속인이 된 사실을 안 날로부터 3개월 안에 가정법원에 상속포기신청을 해서 심판문을 수령하게 되면 상속개시 당시로 소급해서 처음부터 상속인이 아니게 됩니다.

그러므로 만일 이와 같은 규정에 따라 상속포기를 신청하고 심판문을 수령하게 되면 비록 유류분이 침해된 상속인이더라도 민법 제1042조의 규정과 판례에 따라 상속인의 지위를 상실하게 되므로, 상속인이 갖게 되는 법정상속분도 없게 되고 법정상속분도 없으니 당연히 유류분도 없게 되므로 유류분반환청구권도 없게 됩니다.

결국 상속인의 상속포기는 유류분반환청구권의 포기를 가져오게 됩니다. 이에 대해서 대법원 2012. 4. 16.자 2011스191,192 결정에서는 "유류분은 상속분을 전제로 한 것으로서 상속이 개시된 후 일정한 기간 내에 적법하게 상속포기 신고가 이루어지면 포기자의 유류분반환청구권은 당연히 소멸하게 되는 것이다."라고 부연설명하고 있습니다.

그러므로 이와 같은 이유로 유류분이 침해된 상속인들은 상속포기가 아닌 한정승인을 신청함으로써, 만일 피상속인의 채무가 있으면 피상속인의 상속재산을 한도로 채무를 변제하고, 재산이 더 많으면 구체적 상속분에 따라 상속재산을 취득한 후 부족한 유류분을 반환받게 되는 방법을 선택하고 있습니다.

(3) 다른 상속인의 상속포기와 유류분비율

유류분권자가 아닌 다른 상속인 중 일부가 상속을 포기하는 경우가 있습니다. 가령 상속인으로 2남 3녀가 있는 경우에 자녀 중 1명이 상속을 포기하는 경우입니다.

그런데 제1043조에서는 '상속인이 수인인 경우에 어느 상속인이 상속을 포기한 때에는 그 상속분은 다른 상속인의 상속분의 비율로 그 상속인에게 귀속된다.'라고 규정하고 있으며, 대법원 2023. 3. 23.자 2020그42 전원합의체 결정에서는 '공동상속인인 배우자와 자녀들 중 자녀 일부만 상속을 포기한 경우에는 민법 제1043조에 따라 그 상속포기자인 자녀의 상속분이 배우자와 상속을 포기하지 않은 다른 자녀에게 귀속된다.'라고 판단하고 있습니다.

따라서 당초 5명의 자녀가 각 1/5지분의 법정상속분을 갖고 있는 상태에서 1명의 자녀가 상속포기를 하게 되면 그 포기한 상속인의 상속분이 그대로 소멸하고 남은 4명의 자녀가 여전히 각 1/5지분의 상속분을 갖는 것이 아니라 상속포기를 한 상속인의 상속분 1/5지분이 다른 상속인들에게 각 1/4씩 귀속되므로 상속을 포기하지 않은 4명의 자녀들은 원래 자신들의 법정상속분 1/5지분에 상속을 포기한 상속인으로부터 받게 되는 1/20지분(= 1/4X1/5)을 더하여 당초의 5/20지분(=4/20+1/20)을 가지게 됩니다. 이를 약분하면 1/4지분(= 5/20÷5/5)이 됩니다.

쉽게 계산하면 누군가가 상속포기를 하면 그 상속인은 없는 것으로 간주해서 계산하면, 상속인 중 누군가 상속을 포기했을 때 나머지 상속인들이 갖게 되는 상속분을 보다 쉽게 계산할 수 있습니다.

따라서 5명의 자녀들 중 1명이 상속을 포기하게 되면 나머지 4명의 자녀들의 법정상속분이 각 1/4지분이 되므로, 유류분도 당초 1/10지분에서 1/8지분으로 상향됩니다.

그러므로 만일 자녀 중 유류분이 침해된 상속인이 있으나 유류분반환청구를 하지 않을 경우에는 해당 상속인으로부터 유류분을 양수받는 것도 있으나 이를 거부한 경우에는 상속포기를 하도록 하여 자신의 유류분을 일부 상향되게 할 수 있습니다.

(4) 유류분반환의무자의 상속포기

유류분반환의 대상이 되는 증여액에 관하여 민법 제1114조에서는 「증여는 상속개시전의 1년간에 행한 것에 한하여 제1113조의 규정에 의하여 그 가액을 산정한다. 당사자 쌍방이 유류분권리자에 손해를 가할 것을 알고 증여를 한 때에는 1년전에 한 것도 같다.」라고 규정하고 있습니다. 따라서 위와 같은 규정에 의하면 유류분반환의 대상이 되는 증여는 피상속인이 사망하기 1년 이내에 이루어진 증여만이 해당합니다. 그리고 1년 이전에 실행된 증여는 유류분권리자에 손해를 가할 것을 알고 한 것만이 반환의 대상이 됩니다.

그런데 이러한 민법 규정에 대해서 판례는 「공동상속인 중에 피상속인으로부터 재산의 생전 증여로 민법 제1008조의 특별수익을 받은 사람이 있으면 민법 제1114조가 적용되지 않으므로, 그 증여가 상속개시 1년 이전의 것인지 여부 또는 당사자 쌍방이 유류분권리자에 손해를 가할 것을 알고서 하였는지 여부와 관계없이 증여를 받은 재산이 유류분 산정을 위한 기초재산에 포함된다(대법원 2021. 8. 19. 선고 2017다230338 판결).」라고 판단하고 있습니다.

따라서 유류분반환의 대상인 증여의 범위는 상속인에 대한 증여가 그렇지 않은 경우에 비하여 불리하게 됩니다.

그런데 상속인이 민법 제1019조의 규정에 따라 상속포기를 신청하고 심판문을 수령하게 되면, 상속개시 당시로 소급하여 상속인으로부터 배제됩니다. 이때 유류분반환의 범위인 증여에 위와 같은 민법 제1114조를 적용받을 수 있는지가 문제가 됩니다. 만일 적용을 받을 수 있다면 피상속인이 사망하기 1년 이전에 증여받은 재산은 원칙적으로 유류분을 반환해 주지 않아도 되기 때문입니다.

이에 대해서 법원은 피상속인이 사망한 후 상속을 포기한 상속인에 대해서는 민법 제1114조를 적용한다고 판단하고 있습니다. 따라서 피상속인으로부터 생전에 자신의 유류분을 초과하는 증여를 받은 상속인이라고 하더라도 민법 제1019조에 따라 상속을 포기하게 되면 피상속인이 사망하기 1년 이전에 받은 증여에 대해서는 원칙적으로 유류분을 반환해 주지 않아도 됩니다. 다만 유류분권리자에게 손해를 가할 것을 알고 한 증여로 인정된다면 1년 이전에 받은 증여재산도 유류분반환의 대상이 된다고 할 것입니다.

> **대법원 2022. 3. 17. 선고 2020다267620 판결**
> 피상속인으로부터 특별수익인 생전 증여를 받은 공동상속인이 상속을 포기한 경우에는 민법 제1114조가 적용되므로, 그 증여가 상속개시 전 1년간에 행한 것이거나 당사자 쌍방이 유류분권리자에 손해를 가할 것을 알고 한 경우에만 유류분 산정을 위한 기초재산에 산입된다고 보아야 한다. 민법 제1008조에 따라 구체적인 상속분을 산정하는 것은 상속인이 피상속인으로부터 실제로 특별수익을 받은 경우에 한정되는데, 상속의 포기는 상속이 개시된 때에 소급하여 그 효력이 있고(민법 제1042조), 상속포기자는 처음부터 상속인이 아니었던 것이 되므로, 상속포기자에게는 민법 제1008조가 적용될 여지가 없기 때문이다.

> **대법원 2022. 8. 11. 선고 2020다247428 판결**
>
> 공동상속인이 아닌 제3자에 대한 증여는 원칙적으로 상속개시 전의 1년간에 행한 것에 한하여 유류분반환청구를 할 수 있고, 다만 당사자 쌍방이 증여 당시에 유류분권리자에 손해를 가할 것을 알고 증여를 한 때에는 상속개시 1년 전에 한 것에 대하여도 유류분반환청구가 허용된다(민법 제1114조 참조). 증여 당시 법정상속분의 2분의 1을 유류분으로 갖는 배우자나 직계비속이 공동상속인으로서 유류분권리자가 되리라고 예상할 수 있는 경우에, 제3자에 대한 증여가 유류분권리자에게 손해를 가할 것을 알고 행해진 것이라고 보기 위해서는, 당사자 쌍방이 증여 당시 증여재산의 가액이 증여하고 남은 재산의 가액을 초과한다는 점을 알았던 사정뿐만 아니라, 장래 상속개시일에 이르기까지 피상속인의 재산이 증가하지 않으리라는 점까지 예견하고 증여를 행한 사정이 인정되어야 하고, 이러한 당사자 쌍방의 가해의 인식은 증여 당시를 기준으로 판단하여야 하는데, 그 증명책임은 유류분반환청구권을 행사하는 상속인에게 있다.

> **민법 제27조(실종의 선고)**
>
> ① 부재자의 생사가 5년간 분명하지 아니한 때에는 법원은 이해관계인이나 검사의 청구에 의하여 실종선고를 하여야 한다.
>
> ② 전지에 임한 자, 침몰한 선박 중에 있던 자, 추락한 항공기 중에 있던 자 기타 사망의 원인이 될 위난을 당한 자의 생사가 전쟁종지후 또는 선박의 침몰, 항공기의 추락 기타 위난이 종료한 후 1년간 분명하지 아니한 때에도 제1항과 같다.
>
> **제28조(실종선고의 효과)**
> 실종선고를 받은 자는 전조의 기간이 만료한 때에 사망한 것으로 본다.

라. 친생자관계부존재확인, 친생자관계존재확인, 인지청구 등

(1) 친생자관계부존재확인

피상속인이 사망한 후 친생자관계부존재확인의 소로 피상속인의 상속인으로부터 이탈할 수 있습니다. 이때 친생자관계부존재확인의 소의 인용판결을 받아 피상속인과 상속인의 관계가 끊어지면 신청 중인 상속포기나 한정승인은 당사자적격이 없으므로 각하됩니다. 만일 심판이 수리된 후에 친생자관계부존재확인의 인용판결이 있다면 이미 심판이 수리된 상속포기나 한정승인은 효력이 없게 되는데, 이때 한정승인의 경우 재심을 통해서 수리된 한정승인을 번복해야 하는지 아니면 친생자관계부존재확인의 판결로 무효가 되는지가 문제가 됩니다.

그런데 민사소송법 제451조 1.항 8.호에서는「판결의 기초가 된 민사나 형사의 판결, 그 밖의 재판 또는 행정처분이 다른 재판이나 행정처분에 따라 바뀐 때」에 해당하는 경우 재심이 가능하다고 판단하고 있습니다. 따라서 법원의 판결은 법원의 판결로만 번복할 수 있다는 점을 고려할 때 필자의 생각으로는 한정승인을 받은 후에 친생자관계부존재확인의 소로 피상속인의 상속인으로부터 배제된 경우에는 친생자관계부존재확인의 선고 또는 판결문을 송달받은 날로부터 3개월 안에 재심을 통해서 한정승인에 대한 각하 판결을 받을 수 있다고 생각됩니다[18]. 다만 상속포기를 하는 경우는 결과적으

---

18) 민사소송법

제451조(재심사유)

① 다음 각호 가운데 어느 하나에 해당하면 확정된 종국판결에 대하여 재심의 소를 제기할 수 있다. 다만, 당사자가 상소에 의하여 그 사유를 주장하였거나, 이를 알고도 주장하지 아니한 때에는 그러하지 아니하다.

  8. 판결의 기초가 된 민사나 형사의 판결, 그 밖의 재판 또는 행정처분이 다른 재판이나 행정처분에 따라 바뀐 때

제456조(재심제기의 기간)

① 재심의 소는 당사자가 판결이 확정된 뒤 재심의 사유를 안 날부터 30일 이내에 제기하여야 한다.

로 상속포기 심판의 수리로 상속인으로부터 이탈하므로 법률상 이익이 없어 재심 사유에 해당하지 않는다고 생각됩니다.

또한 한정승인 상속포기의 기간을 경과하여 단순승인이 되었다고 하더라도 친생자관계부존재확인의 결과 인용판결이 확정되면, 처음부터 상속인이 아니게 되므로 한정승인 또는 상속포기와 무관하게 피상속인의 상속채무를 부담하지 않게 됩니다.

(2) 친생자관계존재확인

친생자관계존재확인의 소를 신청한 결과 인용판결로 상속인의 지위를 취득하면 판결이 확정된 날로부터 상속인의 지위를 취득하게 되므로 그때로부터 3개월 안에 한정승인 또는 상속포기를 할 수 있습니다.

다만 생부에 대한 인지가 창설적 신고인 반면에 생모에 대한 신고는 확인적 신고입니다. 따라서 피상속인이 생모인 경우에 친생자관계부존재확인의 소는 창설적 판결이 아니라 확인적 판결로 볼 수 있습니다. 이 경우 판결일을 기준으로 해야 하는지가 문제가 될 수 있으나, 필자의 생각으로는 일반적으로 가족관계등록부를 기준으로 상속인의 여부를 판단하는 점, 법률전문가가 아닌 사람이 생모에 대한 가족관계등록부의 신고가 확인적 신고에 불과하다는 사실을 알기 힘들고 이를 입증하기 곤란한 점 등을 고려할 때 판결일을 기준으로 하는 것이 합당하고 생각합니다.

---

② 제1항의 기간은 불변기간으로 한다.
③ 판결이 확정된 뒤 5년이 지난 때에는 재심의 소를 제기하지 못한다.
④ 재심의 사유가 판결이 확정된 뒤에 생긴 때에는 제3항의 기간은 그 사유가 발생한 날부터 계산한다.

부(父)에 대한 판결

대법원 1984. 9. 25. 선고 84므73 판결

혼인외의 자와 부와의 친생자관계는 부의 인지에 의하여서만 발생하는 것이므로 혼인외의 출생자인 피청구인이 청구인의 친생자로서의 신분을 취득하려면 청구인의 인지가 있어야 하고 그 인지가 있었다는 자료가 없는 한 법률상 청구인과 피청구인 사이의 친생자관계는 생기지 않는 것이다.

민법 제859조(인지의 효력발생)

① 인지는 「가족관계의 등록 등에 관한 법률」의 정하는 바에 의하여 신고함으로써 그 효력이 생긴다.

② 인지는 유언으로도 이를 할 수 있다. 이 경우에는 유언집행자가 이를 신고하여야 한다.

모(母)에 대한 판결

대법원 1967. 10. 4. 선고 67다1791 판결

혼인외의 출생자와 생모간에는 그 생모의 인지나 출생신고를 기다리지 않고 자의 출생으로 당연히 법률상의 친족관계가 생긴다고 해석하는 것이 타당하다.

대법원 1997. 2. 14. 선고 96므738 판결

혼인외 출생자의 경우에 있어서 모자관계는 인지를 요하지 아니하고 법률상의 친자관계가 인정될 수 있지만, 부자관계는 부(부)의 인지에 의하여서만 발생하는 것이므로, 부(부)가 사망한 경우에는 그 사망을 안 날로부터 1년 이내에 검사를 상대로 인지청구의 소를 제기하여야 하고, 생모가 혼인외 출생자를 상대로 혼인외 출생자와 사망한 부(부) 사이의 친생자관계존재확인을 구하는 소는 허용될 수 없다.

(3) 인지청구

인지청구는 생부에 대한 판결을 의미하므로 인용판결의 확정으로 상속인의 지위를 취득하면 그때로부터 3개월 안에 상속포기 또는 한정승인을 할 수 있다고 보겠습니다.

1. 민법

제4절 상속의 승인 및 포기

제1관 총칙

제1019조(승인, 포기의 기간)

① 상속인은 상속개시있음을 안 날로부터 3월내에 단순승인이나 한정승인 또는 포기를 할 수 있다. 그러나 그 기간은 이해관계인 또는 검사의 청구에 의하여 가정법원이 이를 연장할 수 있다.

② 상속인은 제1항의 승인 또는 포기를 하기 전에 상속재산을 조사할 수 있다.

③ 제1항에도 불구하고 상속인은 상속채무가 상속재산을 초과하는 사실(이하 이 조에서 "상속채무 초과사실"이라 한다)을 중대한 과실 없이 제1항의 기간 내에 알지 못하고 단순승인 (제1026조제1호 및 제2호에 따라 단순승인한 것으로 보는 경우를 포함한다. 이하 이 조에서 같다)을 한 경우에는 그 사실을 안 날부터 3개월 내에 한정승인을 할 수 있다.

④ 제1항에도 불구하고 미성년자인 상속인이 상속채무가 상속재산을 초과하는 상속을 성년이 되기 전에 단순승인한 경우에는 성년이 된 후 그 상속의 상속채무 초과사실을 안 날부터 3개월 내에 한정승인을 할 수 있다. 미성년자인 상속인이 제3항에 따른 한정승인을 하지 아니하였거나 할 수 없었던 경우에도 또한 같다.

제1020조(제한능력자의 승인·포기의 기간)

상속인이 제한능력자인 경우에는 제1019조제1항의 기간은 그의 친권자 또는 후견인이 상속이 개시된 것을 안 날부터 기산(기산)한다.

제1021조(승인, 포기기간의 계산에 관한 특칙)

상속인이 승인이나 포기를 하지 아니하고 제1019조제1항의 기간 내에 사망한 때에는 그의 상속인이 그 자기의 상속개시있음을 안 날로부터 제1019조제1항의 기간을 기산한다.

제1022조(상속재산의 관리)

상속인은 그 고유재산에 대하는 것과 동일한 주의로 상속재산을 관리하여야 한다. 그러나 단순승인 또는 포기한 때에는 그러하지 아니하다.

제1023조(상속재산보존에 필요한 처분)

① 법원은 이해관계인 또는 검사의 청구에 의하여 상속재산의 보존에 필요한 처분을 명할 수 있다.

② 법원이 재산관리인을 선임한 경우에는 제24조 내지 제26조의 규정을 준용한다.

제1024조(승인, 포기의 취소금지)

① 상속의 승인이나 포기는 제1019조제1항의 기간내에도 이를 취소하지 못한다.

② 전항의 규정은 총칙편의 규정에 의한 취소에 영향을 미치지 아니한다. 그러나 그 취소권은 추인할 수 있는 날로부터 3월, 승인 또는 포기한 날로부터 1년내에 행사하지 아니하면 시효로 인하여 소멸된다.

제2관 단순승인

제1025조(단순승인의 효과)

상속인이 단순승인을 한 때에는 제한없이 피상속인의 권리의무를 승계한다.

제1026조(법정단순승인)

다음 각호의 사유가 있는 경우에는 상속인이 단순승인을 한 것으로 본다.

1. 상속인이 상속재산에 대한 처분행위를 한 때
2. 상속인이 제1019조제1항의 기간내에 한정승인 또는 포기를 하지 아니한 때
3. 상속인이 한정승인 또는 포기를 한 후에 상속재산을 은닉하거나 부정소비하거나 고의로 재산목록에 기입하지 아니한 때

제1027조(법정단순승인의 예외)

상속인이 상속을 포기함으로 인하여 차순위 상속인이 상속을 승인한 때에는 전조 제3호의 사유는 상속의 승인으로 보지 아니한다.

제3관 한정승인

제1028조(한정승인의 효과)

상속인은 상속으로 인하여 취득할 재산의 한도에서 피상속인의 채무와 유증을 변제할 것을 조건으로 상속을 승인할 수 있다.

제1029조(공동상속인의 한정승인)

상속인이 수인인 때에는 각 상속인은 그 상속분에 응하여 취득할 재산의 한도에서 그 상속분에 의한 피상속인의 채무와 유증을 변제할 것을 조건으로 상속을 승인할 수 있다.

제1030조(한정승인의 방식)

① 상속인이 한정승인을 할 때에는 제1019조제1항·제3항 또는 제4항의 기간 내에 상속재산의 목록을 첨부하여 법원에 한정승인의 신고를 하여야 한다.

② 제1019조제3항 또는 제4항에 따라 한정승인을 한 경우 상속재산 중 이미 처분한 재산이 있는 때에는 그 목록과 가액을 함께 제출하여야 한다.

제1031조(한정승인과 재산상 권리의무의 불소멸)

상속인이 한정승인을 한 때에는 피상속인에 대한 상속인의 재산상 권리의무는 소멸하지 아니한다.

제1032조(채권자에 대한 공고, 최고)

① 한정승인자는 한정승인을 한 날로부터 5일내에 일반상속채권자와 유증받은 자에 대하여 한정승인의 사실과 일정한 기간 내에 그 채권 또는 수증을 신고할 것을 공고하여야 한다. 그 기간은 2월 이상이어야 한다.

② 제88조제2항, 제3항과 제89조의 규정은 전항의 경우에 준용한다.

제1033조(최고기간 중의 변제거절)

한정승인자는 전조제1항의 기간만료전에는 상속채권의 변제를 거절할 수 있다.

제1034조(배당변제)

① 한정승인자는 제1032조제1항의 기간만료후에 상속재산으로서 그 기간 내에 신고한 채권자와 한정승인자가 알고 있는 채권자에 대하여 각 채권액의 비율로 변제하여야 한다. 그러나 우선권있는 채권자의 권리를 해하지 못한다.

② 제1019조제3항 또는 제4항에 따라 한정승인을 한 경우에는 그 상속인은 상속재산 중에서 남아있는 상속재산과 함께 이미 처분한 재산의 가액을 합하여 제1항의 변제를 하여야 한다. 다만, 한정승인을 하기 전에 상속채권자나 유증받은 자에 대하여 변제한 가액은 이미 처분한 재산의 가액에서 제외한다.

제1035조(변제기전의 채무 등의 변제)
① 한정승인자는 변제기에 이르지 아니한 채권에 대하여도 전조의 규정에 의하여 변제하여야 한다.
② 조건있는 채권이나 존속기간의 불확정한 채권은 법원의 선임한 감정인의 평가에 의하여 변제하여야 한다.

제1036조(수증자에의 변제)
한정승인자는 전2조의 규정에 의하여 상속채권자에 대한 변제를 완료한 후가 아니면 유증받은 자에게 변제하지 못한다.

제1037조(상속재산의 경매)
전3조의 규정에 의한 변제를 하기 위하여 상속재산의 전부나 일부를 매각할 필요가 있는 때에는 민사집행법에 의하여 경매하여야 한다.

제1038조(부당변제 등으로 인한 책임)
① 한정승인자가 제1032조의 규정에 의한 공고나 최고를 해태하거나 제1033조 내지 제1036조의 규정에 위반하여 어느 상속채권자나 유증받은 자에게 변제함으로 인하여 다른 상속채권자나 유증받은 자에 대하여 변제할 수 없게 된 때에는 한정승인자는 그 손해를 배상하여야 한다. 제1019조제3항의 규정에 의하여 한정승인을 한 경우 그 이전에 상속채무가 상속재산을 초과함을 알지 못한 데 과실이 있는 상속인이 상속채권자나 유증받은 자에게 변제한 때에도 또한 같다.
② 제1항 전단의 경우에 변제를 받지 못한 상속채권자나 유증받은 자는 그 사정을 알고 변제를 받은 상속채권자나 유증받은 자에 대하여 구상권을 행사할 수 있다. 제1019조제3항 또는 제4항에 따라 한정승인을 한 경우 그 이전에 상속채무가 상속재산을 초과함을 알고 변제받은 상속채권자나 유증받은 자가 있는 때에도 또한 같다.
③ 제766조의 규정은 제1항 및 제2항의 경우에 준용한다.

제1039조(신고하지 않은 채권자 등)
제1032조제1항의 기간내에 신고하지 아니한 상속채권자 및 유증받은 자로서 한정승인자가 알지 못한 자는 상속재산의 잔여가 있는 경우에 한하여 그 변제를 받을 수 있다. 그러나 상속재산에 대하여 특별담보권있는 때에는 그러하지 아니하다.

제1040조(공동상속재산과 그 관리인의 선임)

① 상속인이 수인인 경우에는 법원은 각 상속인 기타 이해관계인의 청구에 의하여 공동상속인 중에서 상속재산관리인을 선임할 수 있다.

② 법원이 선임한 관리인은 공동상속인을 대표하여 상속재산의 관리와 채무의 변제에 관한 모든 행위를 할 권리의무가 있다.

③ 제1022조, 제1032조 내지 전조의 규정은 전항의 관리인에 준용한다. 그러나 제1032조의 규정에 의하여 공고할 5일의 기간은 관리인이 그 선임을 안 날로부터 기산한다.

제4관 포기

제1041조(포기의 방식)

상속인이 상속을 포기할 때에는 제1019조제1항의 기간내에 가정법원에 포기의 신고를 하여야 한다.

제1042조(포기의 소급효)

상속의 포기는 상속개시된 때에 소급하여 그 효력이 있다.

제1043조(포기한 상속재산의 귀속)

상속인이 수인인 경우에 어느 상속인이 상속을 포기한 때에는 그 상속분은 다른 상속인의 상속분의 비율로 그 상속인에게 귀속된다.

제1044조(포기한 상속재산의 관리계속의무)

① 상속을 포기한 자는 그 포기로 인하여 상속인이 된 자가 상속재산을 관리할 수 있을 때까지 그 재산의 관리를 계속하여야 한다.

② 제1022조와 제1023조의 규정은 전항의 재산관리에 준용한다.

2. 상속포기의 신고에 관한 예규(재특 2003-1)

제1조 (목적)
이 예규는 상속포기의 신고에 관하여 필요한 사항을 정함을 목적으로 한다.

제2조 (무능력자의 상속포기신고)
① 상속포기의 신고인이 미성년자, 금치산자 또는 한정치산자(이하 "무능력자"라고 한다)인
경우에는 법정대리인이 신고를 대리한다.
② 무능력자와 그 법정대리인이 공동으로 상속인이 되는 경우에 무능력자가 상속포기의
신고를 하기 위하여는 민법 제921조의 규정에 따른 특별대리인을 선임하여야 한다. 다만,
무능력자와 그 법정대리인을 포함하여 공동상속인 전원이 함께 상속포기의 신고를 하는
경우에는 그러하지 아니하다.

제3조 (후순위 상속인의 상속포기신고)
피상속인의 상속인이 될 자격이 있는 사람(배우자, 직계비속, 직계존속, 형제자매, 4촌 이내
방계혈족)은 상속이 개시된 이후에는 선순위 상속인이 상속포기신고를 하지 아니한 경우라
도 선순위 상속인보다 먼저 또는 선순위 상속인과 동시에 상속포기의 신고를 할 수 있다.

부 칙
제1조(시행일) 이 예규는 2003. 9. 15.부터 시행한다.
제2조(폐지예규) "미성년자와 그 후견인의 공동상속재산에 관하여 미성년자가 그 지분을
포기할 경우의 절차(재민 62-11)"를 폐지한다.

3. 국제사법

제2조(일반원칙)

① 대한민국 법원(이하 "법원"이라 한다)은 당사자 또는 분쟁이 된 사안이 대한민국과 실질적 관련이 있는 경우에 국제재판관할권을 가진다. 이 경우 법원은 실질적 관련의 유무를 판단할 때에 당사자 간의 공평, 재판의 적정, 신속 및 경제를 꾀한다는 국제재판관할 배분의 이념에 부합하는 합리적인 원칙에 따라야 한다.

② 이 법이나 그 밖의 대한민국 법령 또는 조약에 국제재판관할에 관한 규정이 없는 경우 법원은 국내법의 관할 규정을 참작하여 국제재판관할권의 유무를 판단하되, 제1항의 취지에 비추어 국제재판관할의 특수성을 충분히 고려하여야 한다.

제15조(비송사건의 관할)

① 비송사건의 국제재판관할에 관하여는 성질에 반하지 아니하는 범위에서 제2조부터 제14조까지의 규정을 준용한다.

② 비송사건의 국제재판관할은 다음 각 호의 구분에 따라 해당 규정에서 정한 바에 따른다.

 1. 실종선고 등에 관한 사건: 제24조
 2. 친족관계에 관한 사건: 제56조부터 제61조까지
 3. 상속 및 유언에 관한 사건: 제76조

제16조(본국법)

① 당사자의 본국법에 따라야 하는 경우에 당사자가 둘 이상의 국적을 가질 때에는 그와 가장 밀접한 관련이 있는 국가의 법을 그 본국법으로 정한다. 다만, 국적 중 하나가 대한민국일 경우에는 대한민국 법을 본국법으로 한다.

제76조(상속 및 유언에 관한 사건의 관할)

① 상속에 관한 사건에 대해서는 다음 각 호의 어느 하나에 해당하는 경우 법원에 국제재판관할이 있다.

 1. 피상속인의 사망 당시 일상거소가 대한민국에 있는 경우. 피상속인의 일상거소가 어느 국가에도 없거나 이를 알 수 없고 그의 마지막 일상거소가 대한민국에 있었던 경우에도 또한 같다.
 2. 대한민국에 상속재산이 있는 경우. 다만, 그 상속재산의 가액이 현저하게 적은 경우에는 그러하지 아니하다.

제77조(상속)

① 상속은 사망 당시 피상속인의 본국법에 따른다.

② 피상속인이 유언에 적용되는 방식에 의하여 명시적으로 다음 각 호의 어느 하나에 해당하는 법을 지정할 때에는 상속은 제1항에도 불구하고 그 법에 따른다.

 1. 지정 당시 피상속인의 일상거소지법. 다만, 그 지정은 피상속인이 사망 시까지 그 국가에 일상거소를 유지한 경우에만 효력이 있다.

 2. 부동산에 관한 상속에 대해서는 그 부동산의 소재지법

4. 채무자 회생 및 파산에 관한 법률

제299조(상속재산의 파산신청권자)

① 상속재산에 대하여 상속채권자 , 유증을 받은 자, 상속인, 상속재산관리인 및 유언집행자는 파산신청을 할 수 있다.

② 상속재산관리인, 유언집행자 또는 한정승인이나 재산분리가 있는 경우의 상속인은 상속재산으로 상속채권자 및 유증을 받은 자에 대한 채무를 완제할 수 없는 것을 발견한 때에는 지체 없이 파산신청을 하여야 한다.

③ 상속인·상속재산관리인 또는 유언집행자가 파산신청을 하는 때에는 파산의 원인인 사실을 소명하여야 한다.

제300조(상속재산에 대한 파산신청기간)

상속재산에 대하여는 「민법」 제1045조(상속재산의 분리청구권)의 규정에 의하여 재산의 분리를 청구할 수 있는 기간에 한하여 파산신청을 할 수 있다. 이 경우 그 사이에 한정승인 또는 재산분리가 있는 때에는 상속채권자 및 유증을 받은 자에 대한 변제가 아직 종료하지 아니한 동안에도 파산신청을 할 수 있다.

제346조(파산과 한정승인 및 재산분리)

상속인이나 상속재산에 대한 파산선고는 한정승인 또는 재산분리에 영향을 미치지 아니한다. 다만, 파산취소 또는 파산폐지의 결정이 확정되거나 파산종결의 결정이 있을 때까지 그 절차를 중지한다.

제385조(파산선고 후의 단순승인)

파산선고 전에 채무자를 위하여 상속개시가 있는 경우 채무자가 파산선고 후에 한 단순승인은 파산재단에 대하여는 한정승인의 효력을 가진다.

제386조(파산선고 후의 상속포기)

① 파산선고 전에 채무자를 위하여 상속개시가 있는 경우 채무자가 파산선고 후에 한 상속포기도 파산재단에 대하여는 한정승인의 효력을 가진다.

② 파산관재인은 제1항의 규정에 불구하고 상속포기의 효력을 인정할 수 있다. 이 경우 포기가 있은 것을 안 날부터 3월 이내에 그 뜻을 법원에 신고하여야 한다.

제389조(상속재산의 파산)

① 상속재산에 대하여 파산선고가 있는 때에는 이에 속하는 모든 재산을 파산재단으로 한다.

② 상속재산에 대하여 파산선고가 있는 경우 피상속인이 상속인에 대하여 가지는 권리와 상속인이 피상속인에 대하여 가지는 권리는 소멸하지 아니한다.

③ 상속재산에 대하여 파산선고가 있는 때에는 상속인은 한정승인한 것으로 본다. 다만, 「민법」 제1026조제3호에 의하여 상속인이 단순승인한 것으로 보는 때에는 그러하지 아니하다.

제436조(상속인의 한정승인)

제434조 및 제435조의 경우 파산선고를 받은 상속인이 한정승인을 한 때에는 상속채권자와 유증을 받은 자는 그 상속인의 고유재산에 대하여 파산채권자로서 그 권리를 행사할 수 없다. 제385조 또는 제386조제1항의 규정에 의하여 한정승인의 효력이 있는 때에도 또한 같다.

제492조(법원의 허가를 받아야 하는 행위)

파산관재인이 다음 각호에 해당하는 행위를 하고자 하는 경우에는 법원의 허가를 받아야 하며, 감사위원이 설치되어 있는 때에는 감사위원의 동의를 얻어야 한다. 다만, 제7호 내지 제15호에 해당하는 경우 중 그 가액이 1천만원 미만으로서 법원이 정하는 금액 미만인 때에는 그러하지 아니하다.

  6. 제386조제2항의 규정에 의한 상속포기의 승인, 제387조의 규정에 의한 포괄적 유증의 포기의 승인과 제388조제1항의 규정에 의한 특정유증의 포기

제503조(상속인의 파산과 상속재산의 처분)

① 상속인이 파산선고를 받은 후에 한정승인을 하거나 재산분리가 있는 때에는 상속재산의 처분은 파산관재인이 하여야 한다. 한정승인 또는 재산분리가 있은 후에 상속인이 파산선고를 받은 때에도 또한 같다.

② 파산관재인이 제1항의 규정에 의한 처분을 종료한 때에는 잔여재산에 대하여 파산재단의 재산목록 및 대차대조표를 보충하여야 한다.

③ 제1항 및 제2항의 규정은 포괄적 유증을 받은 자가 파산선고를 받은 경우에 관하여 준용한다.

제504조(준용규정)

제503조의 규정은 제385조 또는 제386조제1항의 규정에 의하여 한정승인의 효력이 있는 경우에 관하여 준용한다.

저자약력

이재우
서울보증보험(주) 근무
한불화장품(주) 법무팀장
법무법인 세중 상속팀장
법무법인 천명 가사상속팀장
유튜브 '상속이야기' 강사

저서 유류분의 정석

한정승인과 상속포기의 정석

2024년 3월 20일   초판 1쇄 인쇄
2024년 3월 25일   초판 1쇄 발행

저　　　자　이 재 우
발 행 인　김 용 성
발 행 처　법률출판사
　　　　　서울시 동대문구 휘경로2길 3, 4층
　　　　　☎ 02) 962-9154   팩스 02) 962-9156

등 록 번 호　제1-1982호
ISBN　　　978-89-5821-430-4   03360

e-mail :　lawnbook@hanmail.net

Copyright ⓒ 2024

본서의 무단전재 · 복제를 금합니다.

정 가 25,000원